D0042803

Doce relatos de mujeres

Sección: Literatura

Cristina Fernández, Clara Janés, Ana María Moix,
Rosa Montero, Beatriz de Moura, Lourdes Ortiz,
Rosa María Pereda, Marta Pessarrodona,
Soledad Puértolas, Carmen Riera,
Montserrat Roig, Esther Tusquets:

Doce relatos de mujeres

Prólogo y compilación de Ymelda Navajo

El Libro de Bolsillo
Alianza Editorial
Madrid

Primera edición en «El Libro de Bolsillo»: 1982
Segunda edición en «El Libro de Bolsillo»: 1983 (marzo)
Tercera edición en «El Libro de Bolsillo»: 1983 (diciembre)
Cuarta edición en «El Libro de Bolsillo»: 1985

Calle Milán, 38; ☎ 200 00 45
ISBN: 84-206-1898-5
Depósito legal: M. 1202-1985
Papel fabricado por Sniace, S. A.
Compuesto en Fernández Ciudad, S. L.
Impreso en Hijos de E. Minuesa, S. L., Ronda de Toledo, 24.
28005 Madrid
Printed in Spain

A Carmen Vergara

Prólogo

A lo largo de la Historia de la Literatura de nuestro país —al menos la historia conocida u oficial, porque sería necesaria una investigación exhaustiva sobre la obra de muchas buenas escritoras que jamás pudieron acceder a la edición— la mujer no ha significado más que una anécdota. Los críticos suelen mencionar tan sólo a veinte o veinticinco autoras entre los novecientos o mil escritores más importantes desde Gonzalo de Berceo a nuestros días. Y la mitad de esa ridícula cifra corresponde a generaciones posteriores a nuestra guerra civil. Es decir, que, de hecho, y salvo las importantes excepciones que todos conocemos, las mujeres no han comenzado a escribir y publicar regularmente en España hasta comenzado los años cincuenta.

Este es un fenómeno comparable al de cualquier otro país occidental en la medida en que el hecho literario, querámoslo o no, se ha desarrollado paralelamente a la posibilidad también de tomar parte activa en los campos de la edición y la crítica. Nuestro país, no obstante, presenta unas características especiales, ya que esa importan-

te ruptura que llevaron a cabo algunas autoras francesas, inglesas o americanas entre los años cincuenta y sesenta no coincidió con el estado de pubertad creativa de muchas de nuestras escritoras en esos mismos años. Y cuando menciono la palabra pubertad *no me refiero necesariamente a la calidad literaria, sino a un momento de indecisión, de inseguridad, de retraimiento, ni siquiera de búsqueda, de aceptación pasiva de lo femenino entendido como reducto familiar e introspección.*

Porque, en primer término, para poder entender los recientes procesos que ha sufrido la evolución general de la narrativa femenina en el mundo y cómo estos procesos han afectado a la producción literaria actual es necesario analizar las diferentes actitudes que ha tomado la mujer ante el texto literario.

Algunas autoras han optado por imitar el discurso masculino: su lenguaje, sus historias y sus símbolos. Otras han intentado crear un hipotético estilo personal, único, distintivo de lo femenino. Después, aquellas otras que han querido armonizar ambos conceptos, como Dorothy Richardson, en un intento por demostrar que es posible, como diría Virginia Woolf, una androginia en el arte.

Podría parecer a primera vista que los mejores resultados se han dado en aquellas escritoras que «en apariencia», se han olvidado de su condición intelectual de mujeres y han vestido los pantalones —esos «grandes protectores»—, reales en algunos casos y simbólicos en otros, para abrirse paso en el mundo de la cultura. Hoy se están escribiendo estudios muy interesantes sobre los graves problemas de identidad de este tipo de escritora al enfrentarse con su obra, que no es en ese momento sino el reflejo deformado de otro rostro, el del varón, modelo de admiración —representa el poder de la escritura— y de odio —es imposible llegar a ser tan buena como un hombre.

Pero es en la búsqueda de lo femenino *donde las escritoras han presentado batallas más duras y a veces también más inútiles .Tener un modelo de comparación,* lleva, si hay un posterior proceso de rechazo, a crear una imagen antitética pero no real (exagerados los rasgos, aun más reducido el espacio de creación, búsqueda de la claustrofobia, del útero, de la caverna, del hogar), a cristalizar el gesto, a marcar la distorsión para, de esa manera, reducir la ansiedad de la lucha.

El feminismo ha podido crear, en último término, un tipo de literatura que intenta liberar en cada autora tanto los esquemas tradicionales femeninos como «el honor de la propia contingencia carnal masculina», como dice Simone de Beauvoir. Y ensamblar ambas energías en busca de una literatura asexuada, más creativa, más perfecta, resultado estrictamente personal de la batalla íntima y libre de cada autora con el texto.

En los últimos diez años las mujeres han hecho evolucionar radicalmente su discurso literario. Con el auge del feminismo a principios de los sesenta muchas autoras consideraron que debían expiar sus culpas a través de la literatura, y desde la edición de Memorias de una joven formal cada escritora se sintió en la necesidad de relatar sus experiencias vitales, con las que miles de mujeres podían sentirse tan identificadas. Se abrió en la edición un mercado hasta entonces desconocido. Los editores descubrieron y fomentaron a partir de ese momento un género que se denominó literatura femenina. Pudo comprobarse que las mujeres tenían una sexualidad, que podían ser tan ridículas, buenas o perversas como el hombre y que, sobre todo, reivindicaban por primera vez el derecho a situarse entre las infinitas escalas intermedias entre «the angel in the house» y «the monster in the house». Y, lo más importante, la mujer creaba sus propios personajes y modelos femeninos y se convertía así en parte activa de sí misma frente a la caracterización mítica de la mujer a lo largo de la historia de la narración masculina.

Todo esto resulta imprescindible para entender la esencia formal y de contenido de nuestra producción literaria femenina actual. No puede negarse que la transformación de la personalidad femenina en estos últimos *años ha sido radical y profunda y que ello ha afectado, cómo no, a la escritora. Así, a mi juicio, la influencia ejercida por autoras como Virginia Woolf, Simone de Beauvoir, Doris Lessing o Mary MacCarthy ha contribuido a «universalizar» en cierta medida a las inquietudes o proyectos de la inmensa mayoría de las mujeres que publican en estos momentos. Me atrevería a decir, por ejemplo, que muchas de las narraciones recogidas en este volumen se acercan más a la obra de las jóvenes autoras americanas o inglesas que a la ficción femenina de la posguerra española (Elena Quiroga, Ana María Matute o Carmen Laforet), distinta tanto en los temas como en los niveles expresivos.*

Los relatos que aquí se recogen pertenecen a doce autoras que han comenzado a editar en los últimos diez años. Ocho de ellas están relacionadas de una u otra manera con Cataluña —dos cuentos están traducidos del catalán— y las otras cuatro viven en Madrid. Es interesante destacar también que salvo un par de excepciones, el resto de las autoras han trabajado en el periodismo, la crítica y la edición.

Sería muy aventurado intentar justificar una antología de este tipo en base a rígidas similitudes estilísticas o temáticas ya que, como puede comprobarse a lo largo de la lectura de los distintos cuentos, tanto los recursos expresivos como los argumentales difieren unos de otros y es en esta característica donde deberíamos detenernos entonces para definir al grupo. Creo importante destacar el hecho de que en cada autora se descubre eso que definía antes como la lucha personal y no mimética con el texto, la aventura individual, la búsqueda del camino y el espacio propios —distinto o parecido al tradicional femenino, igual o diferente al masculino, en cualquier caso se trata ya de una anécdota—. Y se traduce en la perspectiva de que estas mujeres parecen estar intentando por todos los medios no apagar su auténtica y espontánea vitalidad creadora y que, a través de su obra, el público lector pueda encontrar, eso sí, nuevos patrones y modelos sexuales, renovación del lenguaje simbólico, inversión de los papeles tradicionales, todo ello como una importante aportación al esquema unilateral de la ficción masculina.

Convendría también detenerse un momento, tras todas estas argumentaciones ,en la eterna cuestión de si existe o no una literatura de mujeres como diferente a la de los hombres. Afirmaríamos entonces que, de hecho, no existe una literatura femenina. ¿Cómo agrupar bajo un único criterio la diversidad de estilos, de lenguajes, de intereses, de distintos caminos a través de los cuales, como se ha visto, cada escritora ha intentado su aventura con la narrativa? Lo que sí ha existido y existe es una literatura de mujeres. Y con ello me refiero a que lo que existe es una literatura diferenciada de la masculina porque ninguna mujer podrá, por el momento, ser un hombre en el arte sin convertirlo en una caricatura. ¿Cómo traspasar las fronteras corporales, o el antagonismo simbólico de cada sexo, o los factores educacionales? Existe una literatura de mujeres como accidente, como existe una literatura del XIX, o una literatura anglosajona. Y el hecho de ser mujer se refleja de manera inevitable en su estilo de crear, porque resulta difícil imaginar que el arte es independiente de la naturaleza humana.

Otra cuestión diferente, por supuesto, es el hecho obvio de que la calidad literaria es independiente del sexo del autor de una obra y que lo importante, en definitiva, son los resultados, no los caminos intermedios a través de los cuales se han conseguido esos resultados. Pero minimizar la influencia del proceso de liberación de la mujer y su importante repercusión en su trabajo narrativo imposibilita el camino hacia la comprensión del fenómeno.

Lo más importante, sin duda, es que la escritora tenga conciencia de este hecho y renuncie al pudor de ser mujer. *Todavía la crítica masculina y en ocasiones las mismas mujeres, suelen referirse con desprecio a la narrativa femenina. Para muchos, por desgracia, sigue significando aún un reducto oscuro e imprefecto, un entretenimiento más de amas de casa ociosas o solteras frus-*

tradas, una muestra palpable de la creencia masculina en la esterilidad literaria de las mujeres, creencia que ha originado que algunas autoras hayan podido considerar con seria ansiedad a lo largo de toda su vida que eran «impotentes» o intelectualmente eunucas.

Ymelda NAVAJO

Omar, amor

Cristina Fernández Cubas

Cristina Fernández Cubas nace en Arenys de Mar (Barcelona) en mayo de 1945. Estudia Derecho y Periodismo, actividad de la que hace su medio de vida. Vive dos años en Latinoamérica y estudia durante un invierno en El Cairo. En 1980 publica su primer libro, *Mi hermana Elba* (Tusquets). Recientemente ha colaborado en la revista *Gimlet*, con una narración de corte policíaco: «Algunas de las muertes de Eva Andrade». El presente relato, «Omar, amor», forma parte de una colección de narraciones, actualmente en preparación, situada en un Egipto atemporal fabulado por la autora.

Yo lo había planeado todo, Omar. El color de tu galabía, tu sonrisa, el corte de tus cabellos. Y me compré un kaftán a juego con tus ojos. Por eso, cuando nos perdimos en los pasadizos de la tumba de Keops (diez libras bastaron para sobornar al guardián), tú te viste reflejado en mí, en mis labios entreabiertos, en mi mirada. Sabía imitar todos y cada uno de tus gestos mucho antes de que movieras un solo músculo. Entendía también tu árabe, tan claro, tan conciso, tan desprovisto de florituras innecesarias. Y tú, con esa sonrisa que yo había impuesto a tu rostro, acogías mis respuestas con el comentario preciso y esperado. Eras mío, y te lo demostré durante tres noches en la galería del tesoro, rodeados de máscaras, brazaletes, papiros, casi asfixiados por el aire enrarecido de la tumba. Jadeabas, *ya* Omar, en unas contracciones que a ratos se me antojaron extrañas e irreales. Y me amabas y cubrías mi cuerpo de besos antiguos y reías. Reíamos como locos, Oh *Hub,* ofreciendo a Keops los mejores instantes de aquel amor sacrílego, descendiendo desnudos por el ojo de la esfinge, sepultando nuestros cuerpos rendidos en el mar de arena. Recuerdo, *ya* Omar, que tu pelo ensortijado brillaba con los primeros rayos del sol cuando, vestidos con ropajes de beduinos (otras diez libras fueron suficientes), decidimos internarnos en el desierto. Yo cubrí mis cabellos con un turbante y fingí ser hombre ante las dunas. Pero no necesité atravesar el río o demostrar languidez alguna para que te dieras cuenta del engaño. Seguíamos riendo, ebrios de sol, amor y arena, y extraviados por fin, tal como habíamos previsto, nos entregamos a un dulce sueño.

Nos despertamos, recuerda, días después rodeados de monjes. San Macarios, *ya* Omar, una ciudad dentro del desierto, con sus calles, sus viviendas, sus murallas. Los frailes prepararon pócimas reparadoras y dispusieron dos celdas de peregrinos. Una junto a otra, camas estrechas, libros de escritura copta. Aprendimos a entonar cantos de ritos desconocidos, a labrar el campo, a conocer las propiedades de las hierbas. Nos entregaron dos hábitos y yo oculté mis cabellos bajo un bonete. No te fue difícil excusar mi actitud. Es extranjero, dijiste, no está acostumbrado a este sol poderoso. Y seguiste riendo, con esa sonrisa que yo deseaba, besándome a hurtadillas en los pasillos del convento, acariciándome las rodillas bajo la mesa del refectorio, bebiendo de mí, siempre, cada noche, minutos antes de que yo vendase mis pechos con un lienzo y tú regresases silencioso a la soledad de tu celda.

Te crecieron largas barbas, *ya habibi,* barbas que acentuaban la blancura de mi piel lampiña y delataban algunas de tus miradas y mi júbilo. No pudimos permanecer mucho más tiempo. Los rostros de los novicios se teñían ahora de púrpura en mi presencia. Me prohibieron faenar en el campo, en la huerta, en los jardines. Y tuvimos que huir, *ya* Omar, enfundados de nuevo en nuestras ropas de beduino, montando un alazán negro como tu cabello, bebiendo agua del Nilo, alimentándonos de prodigiosas hierbas y raíces. Tú volviste a ser Omar, el de la sonrisa, y yo, para el resto del mundo, me convertí en Ibrahim. Pero por la noche en la intimidad de la jaima, volvía a ser Kalíma. Te gustaba llamarme así y tenías razón. Porque yo, Kalíma, te había dado la palabra.

Recorrimos leguas y leguas de desierto. Alcanzamos oasis remotos y descubrimos templos olvidados. Al llegar a una ciudad yo desceñía mi turbante y tú, trenzando mis largos cabellos, repetías mi nombre —Kalíma, Kalíma, Kalíma— hasta quedar exhausto. Y luego, como siempre, sonreías. Pero un día, oh *habibi,* un día que nunca podré olvidar, tu sonrisa no se ajustó a lo pactado. No pude entonces explicarme la razón. Tus labios, Omar, se abrieron en exceso aquel día. O quizás no lo suficiente, amor. Sólo sé que éste fue el principio de nuestras desventuras. Empezaste a hablar y a hablar, a juguetear con palabras que no siempre lograba entender, sonreías a menudo —demasiado o, tal vez, muy poco— y tus intervenciones me parecieron de pronto parcas o interminables. ¿Qué es lo que estaba ocurriendo, *ya habibi?* Quise desandar camino pero tú te negaste a montar el mismo caballo y a llamarme de nuevo Ibrahim. Y reías. Reías cuando debías llorar y llorabas cuando esperaba de ti una sonrisa. Me sentía aturdida, amor. Por esa razón no hice demasiadas preguntas cuando me encontré encerrada en la tumba de Amenofis III, la más pestilente, la más insalvable de todo el valle de los Reyes, ni quise saber, ya liberada, quién había sobornado esta vez al guardián o por qué las llaves de la gruesa reja aparecían ahora entre tus dedos. Tampoco me mostré interesada por averiguar el motivo de tus extrañas citas. Me hiciste escalar el más inaccesible acantilado, aguardarte en una barca junto a una imponente catarata, navegar en una chalupa sin mástiles ni velas. Querías librarte de mí, *ya* Omar, de la mujer a la que tanto debías.

Oculté temor y desengaño, y una noche, dejando a un lado el dolor de mi corazón, ordené que te desvanecieras. Pero tú, por toda respuesta, te acomodaste mejor sobre tu tapiz y me sonreíste. Otra vez. Con esa sonrisa en la que no me reconocía. Una sonrisa *tuya, ya* Omar. Y luego, desafiando mi ira, te pusiste a dormitar de forma ya habitualmente imprevista.

No me quedaba, pues, otro camino. Fingí amarte y admirarte por lo que eras ahora. Reí tus nuevas ocurrencias e intenté emular tus nuevos gestos. Reprimí en mi interior la repugnancia que me producía súbitamente tu cuerpo. Simulé, simulé tan bien que tus ojos no pudieron ocultar un destello de vanidad en ti desconocida. Habías caído en mi trampa,*ya habibi,* y el resto iba a ser tan fácil como desgranar esa mazorca con la que ahora entretenías tu hambre. Te convencí con engaños para que me llevaras a la ciudad de El Cairo (el lugar donde naciste ¿recuerdas aún?), te hablé de sus calles populosas, de sus zocos, de sus avenidas. Te prometí esencia de almizcle, perfume de jazmín, babuchas bordadas en oro. Y sucumbiste, amor. Paseamos por Jal-el-Jalili cogidos del brazo, como los enamorados que habíamos sido. Tú apenas me miraste, *oh Hub,* pendiente como estabas de tu imagen reflejada en los espejos del Fichawuy, sonriendo a un joven de cabellos de oro, aceptando las caricias de una echadora de cartas. Y yo, sintiéndome ignorada, rememoré para mis adentros algunas historias que con voz detestable te habías empeñado en repetirme en las últimas semanas. Junto a la catarata, en el acantilado, en la barca a la deriva. ¿No me habías contado —tú mismo, amor— cuán fácil resulta morir en Egipto?, ¿de cómo a los cadáveres se les entierra de inmediato?, ¿del terror de todo musulmán a la putrefacción y a la materia descompuesta?

Habíamos llegado a la Avenida Ramsés, a su jauría de automóviles, a sus pasos alzados. Hice acopio de toda mi fuerza, superé el dolor y te proyecté sobre el asfalto. Tú, pobre vanidoso, no dejabas de sonreír. ¡No podrás conmigo!, gritaste, ya no te pertenezco! Pero tu suerte, amigo, estaba echada. Se llamaba Omar, dije con voz firme a quien quiso escucharme. Y tú, al oír tu nombre, no tuviste más remedio que cerrar para siempre tus ojos.

Entonces regresé a San Macarios y ofrecí una limosna en tu memoria.

Tentativa de olvido

Clara Janés

Clara Janés nace en Barcelona en 1940, estudia la carrera de Filosofía y Letras, en la que es licenciada, entregándose a la literatura desde sus años de estudiante, concretamente desde 1959. Cultiva igualmente la poesía, la novela, la biografía y el ensayo y se distingue como traductora, particularmente de la lengua checa y en concreto de la obra poética de Vladimír Holan. En 1972 obtiene el Premio Ciudad de Barcelona de Ensayo por su obra *La vida callada de Federico Mompou* (publicada en Ariel, 1975).

Entre su obra poética cabe destacar: *Las estrellas vencidas* (Agora, Madrid, 1964), *Límite humano* (Arbolé, Madrid, 1973), *En busca de Cordelia y poemas rumanos* (Alamo, Salamanca, 1975), *Antología personal* (Adonais, Madrid, 1979), *Libro de Alienaciones* (Ayuso, Madrid, 1980), y en el terreno de la novela *La noche de Abel Micheli* (Alfaguara, Madrid, 1965) y *Desintegración* (Eucar, Madrid, 1969).

En 1972 quedó finalista del Premio Café Gijón con una novela corta que consta de dos partes, *Tentativa de encuentro* y *Tentativa de olvido,* la última de las cuales se incluye en esta antología.

Las dalias no levantan altivas el color de sus pétalos; los pétalos están arrugados y del corazón de la flor se desgranan unas bolas pequeñas. El agua del jarro está verde y huele mal, y, a través del vidrio, se ven flotar hilos viscosos de tallos y de hojas. Unos pétalos caídos ponen manchas de color naranja sobre el blanco de la repisa. Al otro lado de la ventana, el gris se concreta en antenas de televisión cuajadas de pájaros.

Ana mira las dalias fijamente, mira los granos negros, mira el corazón marchito de las flores y los pétalos caídos: naranja sobre el blanco. El silencio se apodera del indeciso color de la hora que precede al crepúsculo. Las rodillas de Ana, inmóviles bajo el escocés del pantalón casi monócromo: azul oscuro, verde oscuro y negro, rozan la repisa, sus piernas sostienen el ángulo recto que adoptan cuando se hallan en posición sentada. Junto al jarro de vidrio un cenicero, y rozando la mano izquierda de la muchacha un montón de cuartillas. En el suelo, en el ángulo más próximo al cabezal de la cama, hay una taza de té, azul, que contiene posos.

Ana desliza la mano hasta el montón de cuartillas y las acerca lentamente a su rostro. Están escritas con letra menuda, redonda y bien hecha, y, aunque la luz es muy débil, junto a la alargada ventana, las palabras vibran sobre el papel blanco.

Al principio había su codo apoyado en la mesa y la mano que sostenía la cabeza; y poco a poco me fui encontrando en sus miradas y su sonrisa.
Al principio estaba yo. Y ella habló conmigo una noche de verano, entre el bullicio de una fiesta de cumpleaños de alguien desconocido. Fue la primera noche.
Más tarde, apoyados en la baranda desde donde se veía el inquietante panorama de toda la ciudad, apuntalada en el vacío de lo negro por las luces, sus ojos miraban vorazmente...
Ser o no ser.
Y todo su ser latía y escuchaba vorazmente.

* * *

Una mañana de sol bajó corriendo las escaleras que llevan a la Piazza para atraparme. Y en aquella misma escalera el tacto de su mano...

Los ojos de Ana, siguiendo la línea manuscrita, abandonan la cuartilla para posarse en sus dedos. El olor del agua contenida en el jarro de vidrio acosa al rostro, a los ojos inexpresivos. La nariz inspira levemente: es un olor fétido, un olor que hace patente el final, el final de las dalias; un olor que establece un límite y un nexo entre lo vivo y lo muerto; un olor que pone de manifiesto la comprensión y la incomprensión de la caída de los pétalos ya secos.

... Pero, ¿por qué?
Al principio yo estaba solo y ella habló conmigo una noche de verano.

¿Sabes? Entonces no era amor. No lo era. Era el pozo negro. Tal vez un vacío sin fin.

Los cipreses están inquietos esta noche. Las luciérnagas queman como ojos enfermos.

Carencia absoluta de conciencia, de la conciencia de mi mano en su cuello, de mis labios en los suyos. Una embriaguez, no de amor, pero sí de algo ajeno, algo extraño, distinto, inasible. Tal vez magia.

Posiciones de estatua, irreales. Toco el muro de la iglesia de San Michele Arcángelo para tener una certeza concreta de algo. Y por fin ella vuelve a ser ella y estamos juntos. Estamos juntos en la noche cuajada de estrellas que se apretujan hasta quitarse el sitio unas a otras y hacerse caer vertiginosamente a través del espacio.

Tumbados sobre el brocal del pozo, recogemos en el pecho las estrellas fugaces.

A veces es como si aún estuviéramos así, juntos para siempre, ebrios de estrellas. Y de hecho podemos estarlo, aquí, en la página escrita.

Irrevocables las dalias dejan caer otro pétalo con un suave gemido. Ana abandona el papel para apresar con los ojos el aleteo de los pájaros, que anuncian el crepúsculo, allí, al otro lado de los cristales de la ventana, donde el gris lucha con una estilizada lanza malva.

Por las esquinas de la habitación se desvanecen los colores, mientras el alado ojo egipcio, que está apoyado en la repisa de la chimenea, mira sin cesar con rectitud. Junto a él la cabeza de Afrodita, relieve liso, apresado también en una postal, da fe de la belleza, da fe de la fe. Ana bebe en ella en retroceso con los ojos: ha cambiado su punto de mira, de los pájaros a la Afrodita. Luego oscila: de la Afrodita a la dalia inclinada, de la dalia al naranja reseco, al blanco, al papel; y se detiene en la letra, la letra viva en la cuartilla.

... es como si aún estuviéramos así, juntos para siempre, ebrios de estrellas. Y de hecho podemos estarlo, aquí, en la página escrita.

* * *

El convento, le suore, coca-cola en una trattoría.

Junto al pozo de piedra de la iglesia poligonal de San Michele Arcángelo, allí, muy cerca del cementerio y de la Porta Sant'Angelo, bajo los olivos, sobre los terraplenes de tierra seca, mirar el cielo a través de las ramas.

Y sus ojos que a veces me daban miedo.

Siempre las piedras. La necesidad de cambiar de posición. Siempre la enfermedad de las piedras bajo el cuerpo frágil, engendrando la sed de la hierba verde, la hierba de mi Inglaterra. La tierra seca que me inquietaba hasta el agobio.

Lejos, como una velada amenaza, sus ojos, que a veces no pensaban en mí.

Ana levanta la cabeza con aire agresivo, mira impaciente sus manos que sostienen los papeles, luego el corazón abierto de la flor, que se desgrana, y también se desmenuza en diminutos penachos sedosos y amarillos; la mesa marrón llena de libros pequeños y pequeños pedazos de papel cuadriculado, arrancados a cuadernos, que se esparcen por toda la superficie de madera, a modo de anuncios, poniendo en claro problemas del idiomas: verbos irregulares, plurales insospechados de palabras simples, listas de adjetivos y de adverbios... Esboza una sonrisa y recoge en una mano las cuartillas, mientras, con energía, vuelve la cabeza hacia los objetos de tocador, que se agolpan encima de la cómoda. El espejo recoge sólo la mitad de su rostro en actitud de abandono.

Ahora los ojos reflejados acusan salvajemente a sus ojos. Pasan unos minutos. Los párpados se cierran y se abren de nuevo, y la mirada emprende una búsqueda que escarba incesante en sí misma hasta caer extenuada. El negro de la pupila, negro puntual, oscila como los granos que se desprenden de la flor.

Un pozo sin fondo.

El pozo oscuro, tal vez un vacío sin fin.

Los cipreses están inquietos esta noche. Las luciérnagas queman como ojos enfermos.

Carencia absoluta de conciencia...

El espejo no abarca las manos y las cuartillas, mientras los ojos prosiguen su búsqueda en la pupila.

—El miedo, la magia, la extrañeza... Todavía ahora, de vez en cuando, y sólo perseverando en la mirada, se pueden atrapar en el espejo, si se logra romper la muralla de la incertidumbre... —murmura Ana. Y los ojos se estrechan con malicia.

—No hay tal incertidumbre —afirma.

La mano derecha muestra las cuartillas: palabras concretas, selladas por una fecha de hace años. Y los labios permiten que nazca de nuevo la voz:

... sus ojos que a veces no pensaban en mí.

* * *

La esperé una mañana mientras hablaba con John. Luego vino a mi lado: Debo decirle adiós, podría ser muy triste y doloroso, podría... No, mi amor, no.

Y ella dice: no.

Se burla de mí. Es buena actriz y me traiciona con John. No es una traición, es una humillación, y me evado mirando el cielo donde se recorta la arquitectura de la catedral, o el Palazzo, el Arco Etrusco, cuyos colores datan de los frescos de Giotto o Ambrogio Lorenzetti.

¿Por qué?, ¿por qué quiere que nadie se entere? Cierto que no queremos que Tony sufra.

Una noche estábamos juntos en un banco de piedra escondido entre hojarascas, ella pasó la mano sobre mi espalda y yo sentí cómo sus dedos se deslizaban lentamente por encima de mi piel. Respiré por su nombre. Ana, ¿quieres casarte conmigo?

¿Por qué pregunté eso?
¡Por Dios, Terence!

* * *

Al principio había el Tíber verde y enfermo, y el muro donde nos apoyábamos a contemplarlo.
Estoy en Roma con la chica más guapa del mundo. Ahora ella está en Roma con mi amigo. Yo hablo y no sé lo que digo. Ese chorro de agua con la forma de barco es la Plaza de España. Ella lo mira. Se interesa por la creación de un poema, él por la psicología del poema, yo en un cómo nace el poema y cómo penetra en el lector, siempre extraño al poeta. Ella lo mira. El sonríe.
Por la noche una soledad ininterrumpida.

* * *

Al principio no era el amor, pero enseguida, inmediatamente, hubo el mármol liso de Miguel Angel; el echarpe rojo que reposaba sobre la espalda de una mujer, de una madre. Y ella empezaba a embellecerse para otro.
El Tíber verde y enfermo.
El Tíber verde.
Y sólo aquí, en la página, juntos. En la página que por el dorso es blanca y suave como su espalda.

Ana echa hacia atrás la cabeza y sacude la cola de caballo.
Debajo de la colcha azul, la sábana blanca y fría, recién planchada, intacta; debajo de la cama la alfombr gris y rosa, ahora desdibujada, al igual que la mesa redonda, que se alza junto al cabezal de la cama.
—El Tíber verde y enfermo —dice y sus ojos se dirigen al agua del interior del jarro de vidrio.
En la penumbra, recogida por la luna del espejo, estalla súbitamente el rojo del echarpe que está sobre la colcha, junto a un libro y papeles cuadriculados arrancados a un bloc de espiral.

La luz azulada de la estufa de gas da al ámbito una leve claridad que se encoge bajo la repisa de la chimenea y se extiende por la alfombra hasta las patas de la cama. Superando el marco del espejo, los ojos van a posarse en la zona de pared recubierta de madera, muy cerca de las delgadas barras de metal de la estufa, que ocupa el hueco de la chimenea. Apoyados en la barra unos zapatos azules dejan ir un poco de humo, mientras la suela acumula en la punta ligeras burbujas marrones.

La mirada desciende por la pared, pasa fugazmente por encima de los zapatos, y asciende siguiendo el trayecto que marca el revestimiento de madera, hasta la altura de la ventana. Siguiendo la línea que traza el límite de la madera con la pared blanca, llega a la superficie de metal por encima de la cual sobresale la repisa. Allí, la cabeza de Afrodita, que sonríe con los ojos vacíos, y el incansable ojo egipcio, de rasgos azules sobre el verde pálido del fondo.

El Tíber verde y enfermo.

Un domingo, cerca de Perugia, hacía calor bajo los árboles...

Pan y queso, salchichón, fruta, cuchillo.

Tony está loco hoy. Ayer noche salieron juntos, fueron a una fiesta. El dice que han pasado muchas cosas. Según ella no ha pasado nada: cuando bebe un poco la cabeza le da vueltas; eso es todo. El piensa que ella podría quererle como la quiere él...

Pero ella me besa a escondidas y él enloquece. Yo me enfado. Tengo hambre. Tengo sed. Te deseo.

Ana sonríe a su imagen móvil reflejada, apenas visible en la penumbra; sonríe a las cuartillas, y lo que queda de sonrisa lo deposita sobre los mustios pétalos de las dalias. Aprieta los párpados.

Los vuelve a abrir y no se ven los colores, no se distinguen más que perfiles huidizos de cosas, manchas grises y marrones difusas, de entre las que sólo destacan ahora el rojo y el blanco, el naranja sobre el blanco.

La letra menuda y clara se apretuja sobre la cuartilla. Ana la mira y camina hacia al ventana.

Me voy a comprar vino. Polvo blanco. Calor casi concreto. La botella está tibia. Todos mis sentimientos son físicos. Tengo hambre. Tengo sed. Te deseo.

Regreso a campo traviesa con el sentimiento de desierto en los pies y el peso, el peso inmenso del hambre, de la sed y el deseo. El calor agobia, ata nudos en mis miembros, y avanzo despacio.

El me habla en tono de triunfo.

Oigo recomenzar el canto de la tierra seca y del Tíber verde y enfermo.

El dice: ¿No puedo dar la mano a mi amiga?

Y ella escapa y yo la llevo en brazos a través de la espesura. El se pone taciturno y sombrío.

* * *

Arboles, sol y lluvia. Asís.

Acuérdate del amigo que viaja hacia Roma mientras nos abrazamos. Acuérdate de las piedras, de la tierra seca, del sueño, de las súbitas tormentas que hechizan el espacio con colores distintos y cambiantes hasta hacerlo estallar en gotas enormes como pedradas, para luego, poco a poco, ir ocultando el valle cuajado de pequeños pueblos, e incluso la cordillera, que se divisa al fondo, como el dorso inmenso de un león de granito, con una capa de lentejuelas irisadas. Acuérdate, mientras miramos fascinados el momento, desde lo alto del castillo.

¿Una verdad?

No.

Por entonces me contentaba con nuestro extraño y particular amor, con la felicidad de estar el uno junto al otro.

Sólo unas semanas más tarde, y a una gran distancia, mi inteligencia, bella y pequeña máquina anónima, ha escarbado entre este montón de hechos, los ha removido, metiendo sus zarpas extrañas hasta el fondo, y se ha sorprendido ante tal cantidad de posibilidades contradictorias.

¡Qué ridículo, máquina, ni siquiera tú crees en todo eso! Es demasiado complicado para que de entre todos esos elementos, tan ligados como inconexos, se pueda sacar en claro la verdad, para que se pueda desnudar la verdad hasta hacerla visible no sólo al ojo ajeno, sino al propio, a mis ojos y a los de ella, náufragos aún en ese inflexible mar de hechizos.

Los movimientos del espíritu, de los afectos, de los que a menudo nos escapan

* * *

Pero me acuerdo, me acuerdo de cómo lloraba aquella noche junto al brocal del pozo, cuando la luz de la luna se recogía en el ámbito redondo que se extiende frente a la iglesia de San Michele Arcangelo, dibujando los contornos de los cipreses.

No hay camino. No hay camino posible. No hay salvación posible, porque tal vez sólo somos capaces de amar aquello que nos hace sufrir, porque quizás sea ese el único modo de que el ser amado se incruste en nosotros, rompiendo la carne, como el diamante en la frente de la mujer hindú.

Contradictoria crueldad.

Ahora, al otro lado de los cristales, los pájaros duermen inmóviles en sus escuetos lechos de antena. De vez en cuando el viento los acuna y, a través del metal, les susurra una nana. La noche tantea el cielo. Ana apoya la nariz en la superficie transparente que recoge el vapor de su aliento. La alargada ventana está formada por cristales cuadrados unidos por listones de madera blanca.

Ana abandona la cuartilla y alcanza un cigarrillo y las cerillas que estaban sobre la mesa. Se hace una luz breve y rojiza que dura un segundo. Ana recoge las cuartillas mientras en la punta del cigarrillo queda sólo una mancha menuda, como una brasa. Las manecillas del reloj de pulsera indican las nueve y diez.

Apenas sin haber llevado a la boca el cigarrillo, con el brazo inmóvil, reclinado en el borde de la mesa, Ana contempla el humo y aspira fuertemente el olor del tabaco, que se entremezcla con el del agua verde.

De nuevo está sentada junto a la ventana. Caen unos granos negros sobre las cuartillas y un poco de esa pelusa amarillenta, suave y sedosa, que se desprende del corazón de la dalia.

Entre el paquete de cigarrillos y los libros, allí, sobre la mesa, hay una lámpara pequeña. Ana la enciende y recibe en los ojos un golpe de luz que procede del interior de la pantalla. Las faldas a rayas rosas y blancas, que púdicamente esconden las patas de la gran mesa rectangular de tocador, están arrugadas por el centro, justo delante de la silla. También es de algodón a rayas rosas y blancas, el tapete que cubre la superficie de la cómoda, y es pequeño, y sobre él se apretujan los objetos de tocador: espejo móvil en su cuadrado marco de madera, caja de las horquillas, frasco de colonia, alargada bandeja donde reposa el peine...

A uno y otro lado del humo que se levanta en un hilo, se divisan sobre la cuartilla las palabras escritas con tinta negra y letra menuda, redonda y bien hecha. Tres granitos se deslizan de la cuartilla a la falda de Ana. El ojo egipcio mira con su visión de siglos, y, bajo el haz de luz que la lamparita proyecta sobre la mesa, un papel reza opuestos en inglés. Ana acaricia las esquinas del papel y lo deposita sobre el libro de tapas verdes. Junto a él, las cubiertas de otro, donde destacan unas letras de color herrumbre, diseñando un nombre y un título: Isa Kobayashi: *The Autumm Wind.* El humo trepa por el aire desde la punta del cigarrillo y, antes de llegar al techo, se desvanece.

Hay otro humo que nace de los zapatos azules, que ahora emiten además un débil crepitar. Ana da un salto, corre hacia ellos, y los aparta de la estufa de gas, mientras las cuartillas se esparcen por el pequeño espacio de suelo que queda entre las faldas de la mesa y la pared de debajo de la ventana. El cigarrillo prosigue su jeroglífico de humo en el espacio, y los zapatos ofrecen a la vista una forma curva: parecen dos barquichuelas humeantes.

Las manos apresan el jarro de vidrio y lo depositan en una esquina, abren la ventana, alcanzan los zapatos y los colocan afuera, en el alféizar, en la niebla y la humedad. Después vuelven a tomar el jarro. El agua verde se mece levemente.

La hierba que recubre el jardín se extiende opaca; casi no se distingue la verja que separa el césped de la acera. Por el pavimento se desliza la sombra de un autobús de dos pisos. Las hojas mojadas se amontonan sobre la acera formando una leve capa que brilla a la claridad de los faroles. Hay fragmentos de asfalto que recogen también pequeñas salpicaduras de luz.

Aquí, al otro lado de los cristales, la lamparita arranca a la sombra el vivo color de las cosas situadas a una determinada distancia a la redonda de su eje luminoso.

Ana se agacha y, una a una, recoge las cuartillas con la mano izquierda, y las deposita cuidadosamente en la derecha. Permanece en cuclillas.

Y a la noche siguiente la espera en la oscuridad, la cabeza en las manos, entre las manos, que la sostienen como si se tratara de una cabeza cortada y ajena. Y de pronto el aleteo ligero de su vestido, y ella que me sonreía con los brazos abiertos, dispuesta a volar. Ella, que me rodeaba con sus brazos en lo negro, y me embriagaba, por un momento, con su calor, me ahogaba en su boca.

* * *

Otra vez era la flor blanca que llevaba prendida en el cabello...

O sobre el muro bajo, cerca del convento, a las nueve de la mañana, la página del libro que me deslumbraba. La página de su libro llena de anotaciones a lápiz. Ella

se acercaba a través de las letras impresas con su bolso de paja.
Así teníamos a veces momentos de paz.

* * *

Pero, ¿qué quiere decir eso? ¡Tuve que velar su enfermedad tantas veces!
Siempre acercándonos, casi rozando el camino llameante, donde apenas se respira: el camino que se pierde en la luz de los faros que abocan sobre él una lluvia impía.
A veces, su ser concreto, quemaba a mi lado... Los campos de trigo, el azul y el dorado del paisaje, la pureza del aire... Y ella a mi lado, ardiendo como un ascua.
De lo más hondo de la caverna de mi cuerpo miraba el mundo. Ella también se siente así, confusa.
Yo hubiera podido contarle su belleza y su inocencia; explicarle por qué la suciedad no consiste en los gestos del cuerpo.
La miraba y abría la boca para decirle cosas, pero ella quería dormir.
Quiere dormir.
Quiere olvidar incluso lo no acontecido.

* * *

¡Si existiera entre nosotros alguna cosa capaz de atarnos, un sueño, un amor posible!
Pero todo son cosas contradictorias y paralelas: celos, angustias, vértigo. Vértigo para quien nada quiere esperar. Búsquedas inútiles.
Enfermedad. Desasosiego discontinuo.
¿Qué queda?: momentos pasados, pasados hace ya más de un año... y con todo capaces de acompañarme.
Un pañuelo que a veces aprieto con las dos manos o acerco a mi mejilla, algunas fotografías, un trozo de papel: una única nota que ella hizo pasar un día por debajo de mi puerta, música, libros... miles de detalles,

de pequeños detalles, de pequeños recuerdos que me queman y cuya multiplicidad me fatiga cuando intento formularlos.

¿Realidades?

La mano de Ana deposita las cuartillas sobre la alfombra formando dos montones, luego se posa simétrica a la otra mano, sobre la rodilla; el cuerpo se levanta y atraviesa sonámbulo la habitación, se sienta en la banqueta, frente al espejo. Tras un gesto de los dedos, el cabello se libera y cae lacio, y el peine empieza a penetrar en él suvamente una y otra vez, por la mitad derecha y alta de la cabeza hasta que la espesura cede, y, entonces, se desliza por la larga melena, pasando por los hombros, hacia el pecho.

Sin querer, los ojos tropiezan con los ojos reflejados, sonríen a la imagen, y luego al ojo egipcio, y a las dalias marchitas, y al olor de la muerte de las dalias. La mano acaricia el cabello, abre el cajón de la cómoda y saca una capucha de lana marrón acabada en una greca blanca. A este ángulo de la habitación, que está junto a la puerta, apenas si llega la luz, y la cara encapuchada que se ve en el espejo queda poco definida. Tampoco se distinguen las esquinas del armario de madera, cuyas puertas ponen un marco difuso a la imagen reflejada.

La muchacha se levanta, y al pasar junto a la mesa roza la lamparilla y la pantalla pierde el equilibrio. La endereza y se sienta sobre los talones en la alfombra, junto a los dos montones de cuartillas.

¿Realidades?

* * *

Mi habitación azul pálido, las ventanas entreabiertas.

Ella: te amo. No: amo el hecho de estar contigo. Esta es ella.

Ella que me besaba en la noche con sus alas incandescentes, que bailaba destellante, limitada por su vestido naranja, con la cabellera al viento.

Ella, alta sobre el muro de la oscuridad, midiendo tiempos, distribuyendo espacios, creando a cada instante un gozo tan intenso que no guardaba el equilibrio...

* * *

Haremos un anillo de hierba bajo la luna llena. Dormiremos sobre la tierra lisa al amparo de árboles gigantes para amanecer en Florencia, a la hora en que los pájaros despiertan, con la única idea de poseernos al poseer con la mirada el mundo que nos rodea. Las suaves colinas de Fiésole, la cabeza de Medusa del museo, los frescos de Fray Angélico, el puente...
El último gesto.
¿Volveré alguna vez a estrecharte en mis brazos?
Tal vez no.
Tal vez sí.

Ahora queda sólo un montón de cuartillas boca abajo, sobre la alfombra. Las dalias ceden aún pequeños granos negros, pequeños penachos de seda, su corazón desintegrado, a la repisa de la ventana, que acoge además ese olor a muerte. El olor no atraviesa el cristal ni se pierde al otro lado, sumido ya en la oscuridad.

Aquí, rescatado por la luz que filtra la pantalla, los objetos son cálidos: la mesa rectangular, los libros, el echarpe rojo que está encima de la colcha, los pequeños pedazos de papel cuadriculado arrancados a un bloc de espiral, los objetos de tocador, el jarro de vidrio, aquel pétalo seco de color naranja caído sobre el blanco de la repisa, y la taza de té de porcelana azul que contiene posos y determina con su presencia un ángulo del suelo.

Madrid, 1972.

Las virtudes peligrosas

Ana María Moix

Ana María Moix nace en Barcelona en 1947. Estudia Filosofía y Letras también en Barcelona. Ha publicado: *Baladas del dulce Jim; Call me Stone,* con aguafuertes de Miquel Vila; *No Time for Flowers; Julia; Ese chico pelirrojo a quien veo cada día; Walter por qué te fuiste; 24 × 24; María Girona: una pintura en llibertat; La maravillosa colina de las edades primitivas.* Ha colaborado en diversas publicaciones de Madrid y Barcelona.

No, Alice, si recapacitas y tu memoria obra con rectitud, aceptarás la verdad: nunca viste los ojos de la anciana señora. Proyecta el filme que, involuntariamente en la mayoría de los casos, ruedan nuestros sentidos a su no siempre voluntario contacto con la realidad; que el motor de la consciencia lo haga retroceder hasta los diez, doce años de su protagonista, tú Alice, y contempla una y otra vez la secuencia en que, vestida con uniforme de colegiala, jadeante y con la cabellera alborotada entrabas en las habitaciones de la anciana señora a las cinco de la tarde, dispuesta a iniciar la hora de lectura.

La luz del jardín crespusculaba en los cristales de la ventana, cubiertos por largos y bordados visillos blancos, solitarios danzarines impulsados por el ligero viento a un lento simulacro de vals, y el rostro de la vieja dama, sentada en su sillón, se volvía hacia ti, recién aparecida en el umbral. Desde allí, distinguías la erguida y esbelta figura siempre vestida de seda azul y gris, el largo cuello dirigiendo hacia ti el rostro pálido, anacarado, y los finos y perfectos labios semiabiertos en una cordial sonrisa; la nariz perfecta, rectilínea, una cabeza de cuidadas proporciones enmarcada por un siempre y levemente ondulado cabello azulado. Y, en medio de aquel níveo y rosado óvalo, las gafas oscuras ocultaban los ojos que, recuérdalo Alice, extrañamente sentías fijos en ti no sólo mientras con una mano que nunca advertiste trémula sobre la empuñadura del bastón, a su derecha, alzaba ligera la otra en señal de bienvenida, sino durante toda la sesión de lectura.

Sentada en el sillón, junto a la ventana, la figura inmóvil que te recibía aparentemente —aprendamos, a partir de ahora, a otorgar esta categoría a cuantos detalles y visiones vayan sucediéndose en tu mente, por insignificantes que parezcan y, quizá, sean— tranquila, sosegada, rodeada de un silencio contra cuya solemne soberanía en la estancia tan sólo atentaba el intermitente canto de los pájaros y el follaje de los sauces al viento en el jardín, en nada contradecía el hecho de atribuirle el haber permanecido en idéntica actitud durante largo tiempo, horas tal vez, antes de tu llegada. Resultaba fácil imaginarla, suponerla así. Frívola capacidad la de la suposición, y a todos nos atañe.

Sin embargo, tras saludar al portero y jardinero en la verja de la casa, a la doncella que te abría la puerta y a la señorita S. que salía a tu encuentro para recibirte y recomendarte en voz baja *no lea demasiado a la señora, después, por la noche, padece fuertes jaquecas,* mientras subías la larga escalinata hasta el tercer piso y dejabas abajo a los únicos habitantes de la mansión, ¿a qué atribuías un pesado ruido procedente del piso de arriba, justo a donde te dirigías, y unos rápidos y precipitados pasos? No, nunca te detuviste a preguntártelo, Alice. Y, al abrir la puerta de las habitaciones de la anciana señora, después de llamar y oír el cálido *adelante,* la semiinválida e invidente dama aparecía sentada junto a la ventana y, en su regazo, las cintas, lazos, diademas de tul y flores, encajes con que, casi a diario, te obsequiaba durante aquel, para ti, divertido juego, incomprensible rito indescifrable para tu posterior reflexión, consistente en, finalizada la lectura, aproximarte a la anciana señora al obedecer la amable pero firme llamada —recuérdalo, había firmeza, imperativa orden en sus palabras aunque suavizadas por su cálida voz al decirte *acércate, pequeña, tengo una sorpresa para ti.* Con manos trémulas tanteaba el aire antes de rozar con sus largos y delgados dedos tu cuerpo y palpar con sus finas manos tu talle para deshacer el lazo que, en idénticas circunstancias, te había regalado el día anterior la otra también anciana dama en cuya casa leías, y sustituirlo por uno nuevo. Pero sus manos no dejaban de temblar al acariciarte los cabellos y recogelos con broches dorados que ocupaban el lugar de los colocados allí, el día anterior, por la otra anciana señora. Cada una de ellas se quedaba con los regalos hechos en tu persona por la otra y, curiosa casualidad, eran idénticos, lo cual, pensabas, impedía a cualquiera de las dos damas lamentarse al ver sustituidas sus ofrendas, aunque, invidentes según sus gafas oscuras y su comportamiento, difícilmente hubieran logrado advertirlo.

Pero no, Alice, no, tú no percibías el temblor de las manos de la anciana señora mientras recorría tus cabellos, tu cintura, las bocamangas de tu vestido en el brazo, ni la codicia con que apretaba las prendas y objetos de que te despojaba, ni el brillo en sus ojos que, ocultos por las gafas, nunca viste. Con voz agitada que suponías propia de la avanzada edad, y exaltada de placer (*las viejas damas se sienten felices al hacer regalos,* te decía), te relataba, sin abandonar tu atuendo, la vida de quienes llenaban con sus retratos las paredes de la habitación (austera en contraste con el resto de la lujosa cama, un armario cuyos lunas siempre tú viste cubiertas por velos negros y un secretaire): el retrato de un hombre alto y robusto, con abundantes bigotes blanquecinos, y vestido con uniforme militar en cuyo pecho lucía banda y varias condecoraciones: el general, el gran estratega esposo de la anciana señora, muerto muchos años atrás, víctima de la locura, según aseguraban, bajo el inclemente sol del desierto. Al lado, la imagen de un joven apuesto, corpulento como el desdichado general, pero con la encantadora sonrisa de la anciana señora: su hijo Rudolph cuyas investigaciones científicas lo llevaron a vivir lejos, en un recóndito lugar de Africa septentrional.

Y dos lienzos, colgados uno frente al otro, en paredes paralelas, reproducían dos figuras de mujer de extraordinaria belleza. Vestidas ambas con un descotado traje blanco, exhalaban una sutil mezcla de altivez, orgullo, paz y serenidad, y perturbaba —¿también a ti?, recuérdalo —la urgencia de la búsqueda en sus miradas penetrantes, hirientes pero melancólicas, resignadas pero expectantes. Sí, a alguien te recordaban aquellas dos mujeres jóvenes acerca de quienes la anciana señora jamás te habló. Sólo en cierta ocasión, musitó un débil *murieron* dirigiendo sus oscuras gafas a los espejos del armario cubiertos por velos negros.

Ni siquiera te preguntastes, querida Alice, por qué a la anciana señora le horrorizaban los espejos desde hacía años y, según oiste comentar entre la señorita S. y la doncella, mandó cubrirlos para siempre si, ciega, no podía verlos ni verse en ellos. Quizá la orden datara de fechas anteriores a la pérdida de su vista, accidente al que ni la anciana señora ni ningún otro habitante de la casa hizo jamás mención alguna. Tampoco advertiste la única nota discordante en el meticuloso arreglo no sólo de la habitación de la vieja dama, sino de toda la casa: su cama, de ordinario, aparecía torcida, rompía la simetría que a buen seguro debería mantener con la pared y el armario, y, además, el borde de la colcha caía con descuido. Los ruidos que oías al subir, como producidos al arrastrar un objeto muy pesado, y los apresurados pasos, procedían de aquella habitación; sí, ahora que te esfuerzas en recordarlo descubres que, en más de una ocasión, asociaste el ruido con la cama mal dispuesta, pero se trataba de una vaga asociación nacida en tu mente de modo espontáneo, sin la intencionalidad necesaria para engendrar una causa o solución. Nada, allí, te inducía a sospechar actos o fenómenos misteriosos y el único objeto de tu curiosidad, pasajera y más bien lúcida, consistía en la casualidad de que ambas ancianas damas, para quienes leías por las tardes, coincidieran en su deseo de peinarte, regalarte lazos, diademas de flores o brazaletes; deseo atribuible, sin pecar de cortedad, a la cortesía de las dos damas y, también, a su generosidad.

Sin embargo, la curiosidad por el comportamiento de la anciana señora desaparecía inmediatamente, borrada por el único motivo de real intriga que experimentabas en aquella habitación basado en los dos lienzos, realizados por un mismo pintor a juzgar por la idéntica firma estampada en ambos, de las dos jóvenes y bellísimas mujeres. *Murieron,* había dicho la anciana señora clavando sus gafas oscuras en los velos negros de los espejos del armario. Pero ambos rostros pintados te remitían a los seres familiares de tu vida cotidiana, y las iniciales del nombre de una de las dos jóvenes mujeres, grabadas en el dorado marco del lienzo, correspondían a las de la anciana señora, inscritas en sus libros y en los objetos del tocador.

El artista que las pintara supo expresar con sus pinceles aquel misterio inextricable para el difunto general estratega durante los últimos y dolorosos años de su vida y también para ti, Alice. No era la indiscutible belleza de dos cuerpos esbeltos, de formas sensuales pero de porte a la vez distante y frío, la delicada y suave línea de cuello y hombros, los carnosos y cálidos labios, los sedosos cabellos, rubios los de una, más oscuros los de la otra; no radicaba en la hermosura de ambas mujeres el reclamo de tu atención, ni en la mezcla de orgullo, serenidad, altanería y curiosa ternura: era la mirada la fuente de tu inquietud. Frente a frente los lienzos, diríase que el pintor las hubiera plasmado así, mirándose. La mirada de una se clavaba en la de la otra, y viceversa; se poseían con urgencia y, a la vez, con la placidez de lo eterno. *Murieron,* murmuró una tarde la anciana señora dirigiendo sus oscuras gafas hacia los velos negros que cubrían los espejos. Pero antes, ¿lo advertirte?, antes, Alice, sí, ahora lo recuerdas, alzó el rostro y sus gafas oscuras enfrentaron ora un lienzo ora otro. Y, precisamente aquella tarde, te hizo leer *Muere joven quien posee el don de la belleza si bello desea morir. Los otros la poseerán en él que se debatirá en un mundo de formas inferiores poseyéndose sólo a sí mismo o, lo que es peor, a su igual si lo hallase en su camino. Triste destino, entonces, el de ambos, pues tras el exultante período de exaltación de la belleza de uno reflejada en la belleza del otro, espejo mutuo de dones y gracias, condenados a no separarse jamás, esta misma indisolubilidad les condena a reprocharse más tarde uno al otro el deterioro labrado en ellos por los años, la enfermedad, la vejez y la muerte por el mero hecho de mostrarse uno al otro o, lo que es lo mismo, de contemplarse. Unicamente los iguales que dejan de existir para el mundo de las formas corruptibles en plena posesión de la belleza, antes de que los inicios de la decreptitud hagan mella en ellos, permanencerán eternamente bellos en el inmutable espejo que cada uno de ellos fue para con el otro.*

Murieron, susurró, pero no a ti, Alice, sino a los velos negros de los espejos. Sin embargo, ni siquiera así lograste comprender. Tampoco el difunto general estratega, muerto hacía más de treinta años, respetado en la corte por sus dotes militares, protegido de Su Majestad, de la nobleza y de los más altos dignatarios por sus victoriosas campañas en colonias, admirado por su valor, caballerosidad y por ser el esposo de una de las mujeres más hermosas del país. *Pero no comprendió,* solía comentar la anciana señora cuando tú, Alice, formulabas preguntas acerca del general, curiosa por la extravagante historia según la cual el genial estratega del ejército cayó presa, en colonias, de una insólita locura que lo arrastró a la muerte. Sí, fue cierto, y durante los últimos meses anteriores al desdichado desenlace, la alarma cundió ya en el Estado Mayor debido a los informes recibidos, escritos de puño y letra por el general estratega, en cuya redacción mezclaba los incidentes propios de la vida de campaña con el delirante relato de curiosos y nunca comprobados avatares acaecidos en su vida matrimonial.

Sí, el genial y corpulento estratega era un sentimental. En tus manos, Alice, tuviste los manuscritos del general. ¿Los leíste? ¿Leíste con qué pasión narra su regreso al hogar, tras cinco años de levemente ininterrumpidas acciones en colonias, para hallarse de nuevo junto a su adorada y joven esposa y a su pequeño Rudolph? Las fiestas se sucedieron por un tiempo en la corte y en la mansión del general, acompañado siempre de su resplandeciente esposa. ¿Dejó ella de acompañarlo alguna vez? ¿Sustituyó la compañía del esposo por alguna otra? No, jamás. Unicamente se separaban para asistir a la ópera: un viejo pacto establecido entre ambos cuyo deseo ella expuso con la sinceridad y naturalidad de una dama y el respeto con el cumplimiento y discreción propios de un caballero. Amante de la ópera, ella prefería gozar del espectáculo (de la *belleza,* puntualizó siempre) a solas, sin la impuesta compañía obligada por el rigor social.

Sí, Alice, las fechas de los manuscritos del general, así como los datos, aunque redactados por mente ya febril, no se contradicen: la velada operística tuvo lugar poco después del regreso del general que presenció la representación desde el palco real.

La música amansa a las fieras, pero el genial estratega, si bien era hombre dedicado desde su juventud, por vocación y formación, a la vida militar, poseía cierta sensibilidad que le permitía gozar del placer de la música, y de algunas otras artes como la oratoria y la poesía, aunque no de modo que le llenara por completo, arrebatara su ser y ocupara toda su facultad de pensamiento, de manera que parte de éste quedaba libre y en disposición de deambular de objeto en objeto reclamo de su atención. Ora recordaba para sí ciertos comentarios de algún embajador con quien entablara conversación antes de iniciarse la función, ora contemplaba el aspecto saludable de Su Majestad; cruzaba por su mente algún asunto pendiente en colonias y, en pie junto a Su Majestad, mientras los movimientos de los dedos de su mano, apoyada en el respaldo del augusto asiento, seguían inconscientes las notas de la música, observaba de reojo a los ocupantes de los palcos vecinos o paseaba la vista por la platea y galerías superiores del teatro, lleno durante aquella sesión de gala. Tras cinco años, también él vestía uniforme de gala, cruzado el pecho por la banda honorífica y ornado con condecoraciones cuyo número y grado habían recién aumentado. Pero después de cinco años en colonias, le costaba gran esfuerzo concentrarse en los avatares argumentales protagonizados por héroes germánicos en el escenario, y sumados a dicha sensación de desplazamiento los múltiples encuentros con antiguos camaradas, comprenderás, Alice, la dispersión en que vagaba la mente del general y su incapacidad para seguir el desarrollo musical y argumental de la obra. Miró a través de los prismáticos hacia el escenario, en un último intento de lograr interesarse por la representación por simpatía hacia el rostro de algunos de los intérpetes; pero las vociferantes bocas y muecas le hicieron sonreír y, al mismo tiempo, desistir de su empeño dirigiendo, inconsciente, los prismáticos hacia el palco ocupado por su esposa.

Allí estaba, resplandeciente con un traje blanco, descotado, destacando en la semioscuridad general, erguida en su butaca, majestuosa, un brazo apoyado en el regazo y el otro, en alto, sostenía los prismáticos en dirección, no, no al escenario, sino al palco situado justo frente al de ella. Qué curiosidad la de las mujeres, se sonrió el genial estratega acariciándose sus ya últimamente canosos bigotes. ¿A quién estaría curioseando su esposa? Pero transcurrido largo rato, la observó de nuevo.

Sí, Alice, ella permanecía en la misma postura mirando a través de los prismáticos cuya dirección siguieron los del general hasta descubrir que los de su esposa se posaban fijos en la figura de una mujer, vestida también de blanco, ocupante solitaria del palco frontal al de su esposa a quien la desconocida enfocaba a su vez con sus prismáticos. Transcurrieron cinco, diez, veinte, más de treinta minutos; una sorda irritación agitaba el ánimo del general cuya mano, que había dirigido los más duros combates, planeado los más astutos ataques y empuñado toda clase de armas, empezaba a dolerle al ceñir durante más de media hora, rígida, los prismáticos con los que observaba ya a su esposa ya a la desconocida contemplarse sin rasgos de fatiga, y llenas de delectación. No, el general ignoraba qué retumbaba con más impía brutalidad en el interior de su cabeza: si los martillazos de las notas wagnerianas o las palpitaciones de su propio corazón. Su agitada respiración le parecía un viento estancado donde flotaba la vorágine mareante en la que el rojo del terciopelo de paredes y butacas y el escarlata de los uniformes a su alrededor se mezclaban a la oscuridad del fondo de la platea y a las mil tonalidades verdes, azules, violeta y oro del escenario sobresaliendo siempre, en este incansable caleidoscopio multicolor, las dos figuras blancas, las dos mujeres unidas por la férrea aunque invisible prolongación de sus respectivas miradas, a través de los prismáticos enfocados en todo momento uno en dirección a otro, generadores de un lazo únicamente perteneciente a ellas, un lazo suave, tierno pero dotado de la firmeza e indudabilidad de lo realizado y convertido para él en un látigo que le azotaba las entrañas, hasta horadárselas; allí, en pie, junto a Su Majestad, sentía la tortura de la punzante y desconocida arma creada por las dos mujeres al mirarse frente a frente; advertía calor carnal atravesando el patio de butacas de palco a palco, al mirarse creaban un monstruo que las defendería, invulnerables a todo, pero que se arrojaría sobre él, apartándolo lejos del ámbito de aquella mutua mirada, y lo desgarraría crudamente hasta derrotarlo.

Fue entonces, Alice, cuando tembloroso, sacudido por la rabia y el dolor, se estremeció; Su Majestad, al advertirlo, le preguntó: *¿Os ocurre algo, general?*, y él, pálido y sudoroso, emitió un débil y entrecortado murmullo: *Son las sonoras trompetas de Wagner, Señor*. Una nube roja cegaba sus ojos y le resultaba imposible asegurar si su breve y excusadora frase se estrellaba contra las escarlatas sedas del palco presidencial o contra el sol del desierto implacable durante años sobre su tienda de campaña. Le hería el sol, le quemaba vivo en los ojos; abrasador en la garganta, bajo los terciopelos rojos tapizando las paredes y el suelo del teatro, apagado en la lámpara colgante de la alta cúpula, prolongada su momentánea oscuridad por cientos de lágrimas de precioso cristal; reluciente, cómo restallaba en el collar ligeramente caído en el escote de su esposa y en el de la desconocida. Quemaba.

Contraía rígidas las mandíbulas, Alice, y la sangre ardía en sus venas a punto de estallar. Pero el estratega general, durante sus compañas militares, siempre había vencido al sol, lo soportaba o lo usaba para vencer al enemigo. ¿Por qué no ahora?, se preguntó. El sol se haría, se encendería en la gigantesca lámpara de la cúpula, en las esparcidas a cientos por el teatro. Su feroz resplandor multiplicado al reflejarse en los espejos, en las joyas de las mujeres y en el oro de los ornamentos de la sala aniquilaría al monstruo, la comunión nacida de prismático a prismático entre las dos mujeres vestidas de blanco. Sí, al finalizar el acto, al cabo de unos segundos, la repentina iluminación de la sala rompería el largo, invisible abrazo de las poderosas miradas; los aplausos acallarían el mudo y tierno diálogo a distancia, de palco a palco; el murmullo de los saludos entre damas y caballeros, el roce de sedas contra los uniformes, el crujido de butacas al vaciarse por un momento, el rumor de los cuerpos al levantarse de sus asientos, todo ayudaría a romper, a destrozar, a cortar aquella larga, prolongada mirada hecha tacto que lo abrasaba por dento. El movimiento social y vital, de nuevo en marcha, alteraría la firmeza y sosiego del inmóvil gesto de las dos mujeres. Imposible que, al estallar la luz, aquellas dos manos siguieran impertérritas, con los prismáticos en alto, enfocándose como dos faros sumergidos en un océano. Sólo un único e íntimo placer podría calmar la cólera contenida en el pecho del gran estratega: contemplar, a través de sus propios prismáticos, la derrota en los rostros de las dos mujeres cuando, al caer el telón, la oscuridad se vería obligada a dejar de proteger su secreta unión para dar obligatorio paso a la luz que volatizaría aquella isla privada, flotante, creada entre ambas. Con qué delectación presenciaría cómo el despertar de la vida pública y social abatiría aquellas manos y las relegaría al regazo femenino o al bracero de la butaca mientras sus astutas prolongaciones, los prismáticos, yacerían ciegos en el asiento contiguo.

Sin embargo, el general estratega no presenciaría la ansiada derrota. Justo unos momentos antes de encenderse las luces, las enguantadas manos y las dos mujeres vestidas de blanco desaparecieron de sus respectivos palcos: como de mutuo acuerdo y cual producto de la experiencia de un ritual largamente celebrado, dejaron de contemplarse sin obedecer a orden ni exigencia exterior alguna.

En peores circunstancias, el general estratega no perdió su sangre fría y poder organizador, y, mientras correspondía a saludos, comentarios, halagos y parabienes del séquito real y de quienes acudían al hall del augusto palco, desarrolló todas sus argucias y movilizó a cuantos hombres disponía para tender una red de vigilancia entre el palco de su esposa y el de la otra dama. ¿En cuál de los dos se citarían? ¿O, en qué rincón del teatro? Quizá se limitarían a entablar conversación al cruzarse o pasear juntas por los salones, pensaba incapaz de controlar las palpitaciones bajo su pecho engalanado por banda honorífica y condecoraciones varias pero que sufría la acerada albergancia del dolor y el punzante presentimiento de que habiendo mandado a sus hombres a desvelar un asunto desagradable pero carente de dificultosas trabas para clarificarlo, daba el primer paso hacia la investigación de *algo* cuya solución era el misterio y la oscuridad, mientras la cordial mano de Su Majestad se apoyaba en su rígido hombro y con afable voz comentaba: *¿No significará cansancio tan intensa emoción por las sonoras trompetas de Wagner? Estáis pálido, general. ¿Acaso la corona abusa, sin darse cuenta, de los servicios de nuestro insigne general en las colonias? ¿Qué opináis vos,*

Mariscal? ¿Merecen nuetras colonias el agotamiento de hombres tan valiosos como el general?

Qué lejos se oía la gracia propuesta por Su Majestad al levantar, como todos sus acompañantes, una copa de champán: la soberana voz otorgándole generosa licencia, los murmullos y ligeras risas en el hall se ahogaban al oír, portadas por el recuerdo, las palabras de su esposa *qué dicha disponer de un palco y poder asistir a las representaciones sin aburridas y protocolarias compañías, ¡lo deseaba desde hace tanto tiempo!*

¿Cuándo se lo pidió? ¿Antes de su última campaña? Antes, mucho antes. Cinco, siete, casi diez años, cuando nació Rudolph. Casi diez años deseando permanecer sola en el palco, frente al de... ¿quién sería? Al finalizar el entreacto sus hombres le informarían. Ansiaba regresar a casa y, en lugar de desearle buenas noches a su esposa, reprocharle todo cuanto sus hombres le habrían confiado. ¡Con una mujer! ¡Y en la ópera, el lugar más público de la capital! Correrían rumores, y burlas: por la corte, en palacio, en el ejército, por toda la ciudad, por todo el país, habrían llegado a todos los rincones excepto a las colonias. ¿Cómo nunca sospechó, él, el gran lince de los ejércitos de Su Majestad? Sonreía, oía su propia voz acompañar los comentarios del Mariscal *la ópera está demodée, mi general, escasean genios capaces de inventar nuevas distraciones,* sin embargo se veía abandonar con gesto brusco tan notoria compañía, salir abruptamente del palco real, correr por los pasillos del teatro, irrumpir en el hall del palco donde ellas... No, mejor contenerse y guardar hasta la noche, con las pruebas en su poder. Un vahído acompañó a la sensación de desconcierto seguida de la breve conversación sostenida con sus hombres: su esposa no había salido del hall de su palco durante el entreacto ni nadie acudió a él; tampoco la otra dama, acerca de la cual requirió información, había abandonado el suyo ni recibido visita alguna. Preguntados a los empleados, todos coincidieron en que ambas damas acuden regularmente a las representaciones de ópera, siempre solas, y jamás acogen invitados en sus respectivos palcos.

Pero, al apagarse de nuevo las luces e iniciarse los movimientos musicales del segundo acto, ellas, con su traje blanco, tomaron asiento en sus frontales palcos y los prismáticos de una buscaron los de la otra, sin vacilar, Alice, sin posarse antes en el escenario ni en parte alguna del resto de la sala, y fijos unos en los otros, así los mantuvieron durante toda la representación.

No comprendió, murmuraba la anciana señora al referirse al difunto general, mientras peinaba tus cabellos con esmero y se calaba con fuerza las gafas oscuras, como con temor a alguien (sólo tú, Alice, estabas en la habitación) capaz de arrancárselas. ¿Te tentó hacerlo alguna vez ¿Acaso después de descubrir el atelier de Rudolph? La anciana señora jamás te confió la primera y auténtica vocación de su hijo por la pintura, vocación y carrera que abandonó, desolado, confuso y contrito tras la maldición pronunciada por su padre, el general estratega, y la posterior muerte de éste.

No comprendió, se lamentaba la anciana señora. Aquella velada operística marcó un brusco cambio en el carácter del general. Aceptada la licencia otorgada por Su Majestad, sin plazo fijo para reintegrarse al ejército —licencia rehusada una y otra vez hasta entonces—, el humor del general se envileció: se manifestaba ahora agrio y silencioso, ahora en exceso alegre y jovial, sin corresponder nunca al imperante a su alrededor, al de los demás, respondiendo sólo a su propia manera de sentir, y, perdió así, con tan egoísta comportamiento, su crédito de caballerosidad.

Si bien es cierto que empezó a actuar de este poco cortés modo adrede y sólo en presencia de su esposa como venganza en contra de sus noches operísticas a las cuales no podía oponerse con el uso de la razón, ni, a raíz de ellas, formularle reproches contundentes basados en hechos y pruebas concretas —los hechos, aunque imposibles de ser demostrados y de esgrimirlos como concretos, destrozaron para siempre su pacífica y tranquila sentimentalidad, lo amarraron a la duda, a los celos, a la inquietud y a la angustia, y, al haberlos experimentado con dolor y no poder referirse a ellos sin nombrarlos dada su naturaleza incorpórea, fantasmal, constituían motivo de rencor y de exabruptos injustificables para cuantos le rodeaban— poco a poco tal descontrol emocional, exhibido voluntariamente al principio, se tornó, a base de no ceñirlo a buenas dosis de propósitos correctivos, incontrolable incluso para sí mismo, motivo éste, a veces, capaz de aumentar la desprolijidad de sus actos.

Alejado y desinteresado del sentir de los demás y cada vez más despreocupado y desatento respecto a sus luchas, penas, triunfos o alegrías, inmerso únicamente en sus preocupaciones, sus manifestaciones de ánimo respondían tan sólo al desarrollo de los factores productores de aquéllas. Y, a decir verdad, las preocupaciones del general eran pocas, una sola para precisar: su esposa. En manos la hacienda de un administrador, como en los tiempos en que él se ausentara, aparte de unas pocas horas —cada vez más escasas— destinadas al ejercicio físico y a algunas partidas de ajedrez mantenidas con los pocos antiguos camaradas capaces de tolerar, por vieja amistad y eterno compañerismo, su inoportuna y, con frecuencia, intolerable compañía, el general pasaba la mayor parte de su tiempo pendiente de su mujer, la única persona con la cual seguía comportándose, curiosamente, con la misma delicadeza, educación y caballerosidad de antes aunque introdujo, en su relación con ella, una sola variedad: largos silencios. Ella, por su parte, en nada alteró su trato con el general desde que se casaran, diez años antes. Y, si bien su mirada se ausentaba por momentos nadie supo nunca dónde y un aire melancólico acompañaba sus gestos y expresión, aunque a partir de la noche en la ópera tales estados suponían un motivo de alerta y sospecha para el general, irritado por no poder seguirla en sus pensamientos, nada le reprochaba pues, tras la inicial, instintiva y secreta contrariedad, reconocía que siempre ella, y ya al conocerla, fue persona dada a discretas nostalgias.

Ninguna herida en el campo de batalla le causó tanto dolor como aquellos regresos a casa, solo, dominado por un irrefrenable temblor y preguntándose cómo era posible no sangrar, con los dardos de la pena y la ofuscación clavados en lo más hondo del pecho, después de haber salido para seguir en secreto los pasos de su esposa por la ciudad y descubrir sus largos, apacibles paseos por una de las avenidas del parque, bajo los tilos, avanzando al plácido paso de la otra mujer al otro lado de la avenida. Vestidas ambas con trajes del mismo color, caminaban despacio, separadas por la calzada, sin hablarse, pero envueltas por una dicha y una seguridad que las aislaba del resto de los humanos y por supuesto de él. Gozaban. Paseaban horas y horas, sin dirigirse la palabras ni juntarse, y sin despedida alguna, se separaban con la misma naturalidad con que se habían encontrado.

Una ira sorda lo consumía. Mil veces hubiera deseado la rivalidad de un amante a aquella indestructible y demoníaca alianza. Mil veces alguien contra quien poder luchar, gritar, vencer, perder o morir, a la constante burla y humillación durante, primero, meses, y después años, de dos presencias que se encontraban de repente, se reconocían quizá ya antes, se separaban después intercambiando sólo la mirada, vestidas siempre del mismo color y dotadas, además de extraordinaria belleza, de la superioridad otorgada por el don de saberse siempre juntas, se hallaran donde se hallaran. Las impías y desgarradoras punzadas de los celos dejaron paso, con el tiempo, a las no menos torturadoras de la incomprensión, y las de la incompresión a las de la envidia: la indisoluble unión que él percibía entre ambas, y que las envolvía en una intocable e invulnerable aureola que las diferenciaba del resto de los mortales al caminar por el parque o por las calles, sentadas en la iglesia o en un banco del paseo contemplándose a los ojos fijamente, ellas la sentían, la poseían, *eran* esta unión y sólo esta.

Inútil averiguar qué medios utilizaban para citarse, o para comunicarse: controló el correo, el servicio, todos los medios de comunicación; se hallaba presente en las entrevistas de su esposa con la costurera, la modista, el peluquero, con cualquier posible mensajero; la acompañaba a los comercios y tiendas de la ciudad, espiaba sus conversaciones con amigas y familiares...

Y tras años de padecer el azote de los celos, de la humillación y de la incomprensión, el miedo se instaló en su cerebro. Se habituó a verlas juntas, a seguir en secreto los paseos de aquellas dos figuras de mujer cuya extraña aventura jamás podría relatar a nadie, a ningún ser humano cuerdo; poderosas, distintas, castigadoras contra la mediocridad circundante; desafiantes, exhibían a la luz del día una unión instituida por un misterio que nunca, nadie, podría desentrañar. Sentadas una frente a otra en un banco del paseo, bajo el sol, bajo la lluvia, el viento o la suave brisa, se contemplaban durante horas. ¿Se comunicarían, quizá, a través del pensamiento? Jamás, jamás lograría saberlo. Golpeaba su casi desquiciada razón contra las nubes de lo quimérico, y si interceptaba sus miradas las sentía como látigos golpeándole impíos, una y otra vez, para alejarlo de ambas mujeres.

No, Alice, no; cuando el agotado y enfermo general, presa primero de terrores sólo nocturnos y diurnos también más tarde, durante los cuales la mirada sostenida por las dos mujeres se convertía en una viscosa y cruel serpiente que se le enroscaba en el cuello hasta no extrangularlo sino mantenerlo en continuo estado de asfixia, decidió, por consejo médico, retirarse una temporada a su casa de campo, no pidió a su esposa que lo acompañara por miedo, seguramente, a la posible negativa de ella por no querer renunciar a sus insólitos encuentros, negativa que aumentaría su desesperación. Fue ella, sin embargo, quien decidió acompañarlo en aquella estancia campestre de reposo anterior al final del estratega general para quien los paseos a caballo de su esposa, a primeras horas de la mañana, casi con el alba, no suponían ninguna novedad pues, él lo sabía, ella gustaba de realizarlos desde la primera vez que la llevó con él a las verdes propiedades y nunca, a lo largo de cuantas temporadas pasaron en el lugar, dejó de practicarlos aunque, como el general observó en este postrer viaje, sin dedicarles tanto tiempo.

¿Era mera curiosidad —como él se repetía mientras ordenaba disponer a su caballo— o malsanos deseos de comprobar con sus propios ojos un oscuro y terrible presentimiento? Obligado se vio a descender de su montura y ocultarse tras un peñasco para llorar al abrigo de algo: Lejos de la ciudad, bajo el cielo azul todavía manchado por las rosadas estrías de la aurora, con traje de montar verde, un verde más pálido que el de los campos, ora cabalgaban rítmicamente al paso, ora emprendían un trote veloz para descender después a tierra, sin hablarse, y caminar juntas hacia el horizonte.

Al regreso, abatido y con la mirada extraviada, tras averiguar por medio de un criado la llegada reciente de nuevos dueños en la propiedad vecina, renunció a su habitual costumbre de realizar exhaustas encuestas y decidió no salir más de la casa: como máximo tomaría el sol en el jardín viendo cómo Rudolph reproducía con sus pinceles, en el lienzo, la naturaleza que le vio crecer.

No sé, Alice, si hubiera sido posible evitarlo. Pero sí, fue allí, en la casa de campo, donde Rudolph realizó el retrato de su madre. Aunque joven —quizá no alcanzara por entonces los veinte años— había ya pintado con notable destreza y éxito el retrato de algunas damas insignes de la ciudad. Allí, en la mansión solariega, debió de transcurrir la escena narrada por el general, intercalada en un parte militar, en que extrañamente luminoso el rostro de su esposa al regresar de su diario paseo ecuestre, y sintiéndose él algo débil y melancólico, pidió a su mujer posar vestida de blanco para su hijo como si, presa de un presentimiento de próxima e inevitable desdicha total, deseara lograr, no el hecho de que Rudolph reprodujera en el lienzo la belleza de su madre, sino poder contemplar a su esposa mientras posaba, contemplarla abiertamente, no con la suspicacia escrutadora de sus mal disimuladas y furtivas miradas dirigidas a su mujer desde hacía años al intentar descubrir en su rostro algún recóndito secreto. Aceptada su petición con regocijo por parte de madre e hijo, el general no tardó en arrepentirse de su deseo: lleno de espanto, dominado por un pánico en aumento por momentos, veía cómo su hijo plasmaba increíble e insólitamente la mirada de su madre, aquella mirada, precisamente aquella, la que él, el general, temía y sabía su verdugo. Pero los hechos resultaban irreversibles, era ya demasiado tarde para interrumpir la realización del cuadro, para frenar la febril inspiración de Rudolph, ni madre ni hijo atendieron a los lamentos, órdenes ni súplicas del general.

Sí, Alice, fue en aquella casa donde Rudolph pintó a su madre, aquella casa propiedad antiquísima de la familia del general quien, desencajado el rostro y con voces no humanas, ordenó tapiar puertas y ventanas de la mansión y rodearla de un círculo en llamas para que, pasto del fuego, no quedara rastro de ella a raíz de la última y turbulenta noche anterior al regreso de la familia a la ciudad.

¿Fue el resplandor de la luna llena, a través de los ventanales de la alcoba la causa de su despertar, a media noche, o el rumor de unos pasos en el piso superior? Sea cual fuere el motivo de su desvelo, se sintió incómodo primero, en situación de peligro después, como si una misteriosa y repugnante presencia espiara sus movimientos en busca del momento propicio para apuñalarlo por la espalda, e incluso llegó a sentir, en la piel, la fría proximidad del acero al tiempo que una férrea fuerza invisible oprimía su garganta y le dificultaba la respiración. Sin atreverse a moverse, agitado por el pánico inicial, reaccionó después y decidido a averiguar, por fin, la verdad, subió, revólver en mano, al piso superior desde donde procedían los noctámbulos pasos. Cubiertas las espaldas con un abrigo de pieles, no podía creerlo: el huracanado y helado viento nocturno penetraba en la estancia a través de los ventanales abiertos de par en par y zarandeaba el ligero camisón de su esposa que, semidesnuda y bajo la luz de luna llena desafiaba, en la galería volcada sobre los bosques que rodeaban la casa, la crudez atmosférica. Impertérrita, inmóvil, mantenía la mirada fija en un punto del bosque sin advertir a su espalda la presencia del general cuyo revólver apuntó en el blanco (objeto de la contemplación de su esposa: una mujer a caballo, entre los árboles, mirando hacia la casa) y disparó una, varias veces, hasta agotar la carga del revólver.

Era él, Alice, quien gritaba presa del terror y la desesperación durante los disparos, y aún después, cuando tras arrojar el arma mortífera al oscuro jardín, se retorcía en el suelo, intentaba liberarse con ambas manos de algo que parecía apretarle el cuello, y pedía perdón a su esposa que, desconcertada por la actitud del general, pero con voz tranquila y serena —como era usual en ella al dirigirse a su marido cuando éste, a lo largo de los últimos años, daba muestra de absurdas reacciones, producto de cierto desequilibrio que ella atribuía a las largas y duras estancias en colonias— le preguntaba: *¿Te ocurre algo, querido? ¿Te sientes mal?* Y él, al contacto de las manos de la esposa, cálidas a pesar de haber permanecido horas expuestas a los helados vientos de la noche, se desvaneció.

Fue el criado, al despedirles a la mañana siguiente, tras la repentina decisión del general de regresar a la ciudad y arrasar la casa, quien comentó el hallazgo de un caballo muerto a balazos en el bosque, en las proximidades de la mansión. Pálido y tembloroso, con los ojos hundidos y desorbitados, el general insistió, antes de partir, en llevar a cabo una meticulosa batida por el bosque para averiguar si yacían en ellos más cadáveres o heridos. *Sólo el caballo, mi general* anunció el criado como resultado de la batida, *debió de huir de las caballerizas de la propiedad vecina asustado por la terrible tormenta de anoche y algún viajero lo mató. Los caballos asustados suelen ser peligrosos.*

Ella, la desconocida, se había salvado. El general no podía explicarse cómo, pero renunció a proseguir hundido en una existencia entregada a reflexiones de las que, dado ya por vencido y una vez entrevistas las sombras de la locura, sabía no iban a clarificarle nada sobre aquella insólita historia, iniciada diez años antes, en el teatro de la ópera, por la que se dejó absorber de tan maléfico modo, lo alejó de la vida social y política de su país y lo había sumido en la enfermedad, el decaimiento y la obsesión.

De regreso a la ciudad, inició lo que denominó en sus partes militares *un último intento de supervivencia.* Con supremo esfuerzo de voluntad y sacrificio, renunciaba a seguir a su esposa cuando ella salía de casa. Seguro, el general, de que iba al encuentro de la otra mujer, vencía su inclinación por espiarlas acudiendo en su ayuda, cuando la tentación de hacerlo estaba a punto de dominarle, el recuerdo de la mirada de ambas mujeres, convertida en asquerosa y maligna serpiente alrededor de su propio cuello. Taciturno pero más afable, con la inequívoca expresión propia de quienes han padecido, o padecen, una íntima e incurable herida, tiernamente deseoso de volver a entablar contactos humanos con quienes fueron sus amigos y camaradas, abrió de nuevo sus salones con la ayuda de su esposa, solícita, perfecta y hermosa como nunca había dejado de ser, y de Rudolph de quien, alegre, cordial y heredero de la belleza materna y de la nobleza de espíritu que antaño caracterizara a su padre, sólo le separaba un punto conflictivo, motivo de roces y mutuas incomprensiones: la vocación del joven por la pintura, arte al que se empeñaba en no renunciar y cuyo brillante y excepcional ejercicio le proporcionaron ya, a pesar de su juventud, cierta fama y posición.

Poco a poco, evitó el general enfrentarse con los dos únicos motivos capaces de provocar en él el renacer de la ciega desesperación y el duro combate entre las afiladas garras del demonio de lo desconocido: la carrera de su hijo y la visión del retrato que éste realizara a su madre, lienzo admirado por todos cuantos visitaban la casa pero que el general, desde su regreso del campo, renunció a mirar de nuevo e incluso a permanecer durante demasiado tiempo, o solo, en la estancia donde se colgó. Dominadas, hasta cierto punto, estas dos obsesiones, el general participó de nuevo en la vida social de la ciudad, reanudó contacto con antiguos camaradas, pasaba horas dedicado al ejercicio físico por placer y por si la corona precisaba en el futuro de sus servicios, se entregaba con pasión al juego del ajedrez, se interesaba por los nuevos descubrimientos bélicos y, aunque presente en su pensamiento la secreta e ininterrumpida alianza de las dos mujeres, relegaba el irremediable y oscuro hecho a la resignación lo cual le capacitaba para disfrutar de momentos de tranquilidad e, incluso, de excelente humor.

No, Alice, el bienestar del general, y de su hogar, no fue, como sabes, duradero. El escribió *en cuanto entré en el salón vi a la horrible serpiente, se abalanzó sobre mí y se enroscó en mi cuello,* pero no fue así, lo cierto es que tardó un buen rato en descubrir la presencia del segundo retrato. Con la vista fija en su interlocutor, o en la taza, como siempre que se empeñaban en servir el té en la sala de cuyas paredes colgaba el retrato de su esposa, para evitar verlo, no pudo remediar, en un gesto instintivo, alzar la cabeza y la vista al oír comentar a alguien *maravilloso, Rudolph, realmente extraordinario, el retrato de esta mujer es tan perfecto como el de tu madre,* y al verla, al verlas a las dos, la taza de té cayó de sus manos sobre la alfombra. Lejos quedó la explicación de Rudolph a su interlocutor *no sé quién es, pero realmente posee una belleza extraordinaria; no, no es exageración del pintor. Se presentó en mi atelier, me encargó el retrato que pagó por adelantado y, hasta la fecha, no se ha interesado por él. Lo he colgado aquí porque, ignoro la razón, parece complementar al otro: ambas visten el mismo traje blanco, ambas expresiones...* Un grito aterrador surgió de la garganta del general y, congestionado y desencajado el rostro, miraba ora el retrato de su esposa, ora el recién colgado justo en la pared de enfrente: el de ella, el de la otra. Desde ambos lienzos se miraban fijamente estableciendo una corriente que lo sacudía a él desde el cerebro a la punta de los pies. Se contemplaban creando un mundo sólo habitado por ellas y por ellas regido, como hacían desde sus respectivos palcos de la ópera, durante sus paseos por el parque, por las calles o por el campo al amanecer, como lograban hacer incluso durante las noches de tormenta y luna llena, una semidesnuda en la terraza, la otra cabalgando por los bosques. No, Alice, el general no podía soportar la *presencia* de aquellas miradas en su propia casa, aquellas miradas fijadas en los lienzos por su propio hijo, hechas realidad bajo el techo de su propio hogar de donde, implacables, lo expulsaban.

Ante los atónitos presentes, el general, rojo de cólera y víctima de extrañas convulsiones, se arrancaba el fulard y cuello de la camisa con ambas manos mientras lanzaba alaridos de dolor, rugía improperios contra su hijo y maldecía a serpientes invisibles, y salió corriendo de la estancia y de la casa para no regresar jamás. Reincorporado al ejército, en colonias, murió al cabo de unos meses, de asfixia, según el comunicado oficial. Camaradas suyos, de aquella época, explicaron que el general sufría frecuentes pesadillas durante las cuales era víctima del ataque y extrangulamiento de un monstruo reptil —según gritaba entre sueños—. Trasladado al hospital, en obligada cura de reposo, lo hallaron muerto, un amanecer, colgado de la ventana de su habitación, pendiente en la fachada exterior del edificio, azotado su cuerpo por el huracanado viento desencadenado durante aquella noche en el desierto.

No, Alice, la ceguera de la anciana señora a la que lees por las tardes no fue producida por un ataque de cólera y venganza del general. No es auténtica —aunque fue muy comentada— la historia según la cual el genial estratega, al descubrir el segundo retrato femenino y antes de partir hacia las colonias, arrancó los ojos a su esposa. Lo sé porque yo, Alice, estaba, aquella tarde, en la casa.

Si bien es cierto que la reclusión de la esposa a las habitaciones donde las visitas una tarde sí y otra no, data aproximadamente de las fechas del desdichado fin del general, éste no la provocó ni con acción violenta alguna ni con su muerte *que me alcanzará sin darme tiempo a descubrir el misterio,* escribió en su último parte militar. Misterio que tú, Alice, empezaste a intuir al descubrir una de las muchas mentiras pronunciadas por la anciana señora, en respuesta a tus preguntas mientras colocaba cintas y lazos alrededor de tu cintura o peinaba tus cabellos. Sí, lo recuerdas: refiriéndose a Rudolph, cuya fotografía contemplabas, te explicó que sus investigaciones científicas lo obligaban a vivir en un rincón del Africa septentrional. Sin embargo, en la otra casa, en las habitaciones de la otra también anciana, semiinválida e invidente señora a la que leías, al buscar entre los papeles y cuadernos del cajón de una cómoda un libro de poemas requerido por la vieja dama, encontraste una foto amarillenta, reproducción de la imagen de un joven (*un gran artista,* te explicó la vieja dama, *que hace ya muchos años pintó mi retrato*) idéntico a Rudolph, en la habitación de la otra anciana dama, quien, interrogada de nuevo por ti, ya suspicaz y para comprobar si se contradecía, te repitió que su hijo se dedicaba a la investigación. ¿Fue entonces cuando empezaste a dudar de todo cuanto te decía la anciana señora: de las actividades de Rudolph, de la muerte de las mujeres de los cuadros, de la muerte natural del general estratega, de todo excepto de su ceguera?

Te atreviste a entrar, a escondidas y sin permiso, en estancias carentes de acceso para ti. Pero no falsees ahora, capaz tu mente de mayor y más profunda reflexión, las intenciones inductoras de tu curiosidad. No, Alice, no finjas ahora, poseedora de datos más o menos ordenados, adjudicarte, en el pasado, una suspicacia que te faltaba ni te veas entrar en las habitaciones prohibidas en busca de pruebas capaces de desenmascarar a la anciana señora. No, recuérdalo con sinceridad: al dudar entre el arte y la investigación, como auténtica profesión de Rudolph, te decidiste por la segunda, y al osar entrar en estancias donde nadie te reclamaba lo histe únicamente impulsada por el deseo de descubrir pinturas tan hermosas como los dos retratos femeninos colgados de las paredes del cuarto de la vieja dama. Encontraste, en un ala del último piso de la casa, lo que, en otro tiempo, fuera atelier de Rudolph. Sí, pero ninguna pintura satisfizo tu curiosidad.

Desde el interior de mi habitación, oí tus pasos y cómo abrías, lenta, con miedo, la puerta dándome tiempo, así, a esconderme. Oculto detrás de un pesado cortinón, no descubriste mis pies salir por la parte inferior, y pude ver cómo abrías mis viejas carpetas de dibujos y sacabas a la luz amarillentos bocetos, semiborrados estudios de figuras, confusos planos de composiciones casi invisibles por el polvo y el paso de los años. Examinaste mis objetos personales, cartas dirigidas a mi nombre sobre el escritorio, libros con mis iniciales y, al revolver entre algunos volúmenes, descubriste el diario de mi padre, el general, ordenado por mí al extraer de los informes remitidos desde colonias al Estado Mayor, que las autoridades me entregaron y que nunca mostré a mi madre, los párrafos relativos a su vida personal, no militar. ¿Lo leíste todo? Permaneciste bastante tiempo hojeándolo y te detenías, a menudo, para leer páginas enteras; de modo que, aunque no lo leyeras por completo, resultaba inevitable enterarse de la historia de las dos mujeres pues, por pocas páginas que leyeras, en todas, hablara el general de lo que hablara, se hacía referencia a ellas .¿Leíste la historia de los lienzos? Seguro. Se narra en las últimas páginas del cuaderno y, desde detrás de la cortina, vi cómo te detenías especialmente en ellas.

Como de ordinario, al penetrar en las habitaciones de la anciana señora, la hallaste sentada junto a la ventana, erguida, vestida de seda azul y gris; el viento movía armoniosamente los largos visillos bordados, blancos, y sólo el rumor del follaje del sauce sacudido por la brisa, y el canto de los pájaros en el jardín, alteraban el silencio a su alrededor. Volvió hacia ti su nacarado rostro, con las gafas oscuras y su cordial sonrisa. Y tú, Alice, aquella tarde, sabías ya la verdad de cuantos rostros poblaban aquella habitación: Rudoph no era científico y habitaba un ala extrema de la casa; el general estratega no murió en circunstancias muy normales ni fue su vida una sucesión ininterrumpida de éxitos, felicidad y bienestar cortada por capricho de la locura repentina como te contara la vieja dama, y, las mujeres que se contemplaban mutuamente desde sus respectivos lienzos no habían muerto porque, te decías, al menos una era ella, y aunque el rostro de la otra te recordara a alguien, tu suspicacia quedó complacida con lo averiguado y, saciada por el momento, olvidaste los pasos que, al subir, oías procedentes de la habitación de la inválida y otros detalles como el continuo gesto de la anciana señora al calarse las gafas oscuras, como con temor de que alguien se las arrancara del rostro o simplemente resbalaran de su nariz, cayeran al suelo y dejaran sus ojos al descubierto. Olvidaste, también, aquella antigua orden de cubrir los espejos con velos negros.

Murieron, te repitió al preguntarle de nuevo por las dos mujeres de los cuadros, y te sorprendió, conocedora ya de la verdad, el hecho de que una dama tan distinguida mintiera tanto. Sin embargo, Alice, con tal aseveración, pronunciada al dirigir sus gafas oscuras hacia los velos negros cobertores de los espejos, ella no mentía, y tú, como el general estratega respecto al cual la anciana señora murmuraba *nunca comprendió,* tampoco entendías, aunque partiendo de los mismos datos que el general (los encuentros de ambas mujeres, las miradas, los cuadros... leído en los manuscritos del estratega), disponías de más medios que él para desvelar el misterio causa de su sufrimiento, locura y muerte: las visitas a la otra vieja dama y las lecturas.

¿Temblaban también las manos de la otra anciana señora al despojarte de las prendas regaladas por mi madre el día anterior? ¿Las acariciaba también sin cesar mientras tú leías, con aquella sonrisa mitad ávida mitad satisfecha? ¿Te divertía aquella coincidencia entre ambas consistente en regalarte diariamente anillos, pulseras, encajes, pañuelos y en que una te quitaba lo donado por la otra? ¿Preguntaste a algún sirviente o habitante de la otra casa si, al marchar tú, por la noche, oían los lamentos, quejidos y llantos de su señora como yo oía los de mi anciana madre, tendida en la cama y apretando contra su pecho las prendas de que te había despojado, besándolas con mezcla de adoración y frenesí, sola en su habitación y sin las gafas oscuras? Si la curiosidad que te impulsó a entrar en mi habitación, te hubiera inducido a subir las escaleras muy despacio, sin hacer ruido para no avisar a la anciana señora de tu llegada, y hubieras espiado por el ojo de la cerradura de la puerta, de su cuarto, como hice yo, hubieras visto a la falsa semiinválida e invidente arrastrar de debajo de la cama un baúl de donde sacaba trajes, pañuelos, prendas de vestir y de adorno que luciera antaño en sus encuentros con la otra dama y elegir los que te iba a regalar para esconder de nuevo el baúl, ponerse las gafas oscuras y sentarse, inmóvil, junto a la ventana para recibirte, engalanarte con las prendas elegidas y quedarse con las que llevabas, las que te había dado, el día anterior, la otra anciana, las que más tarde besaría con fervor, una y mil veces durante toda la noche; presa del llanto y la nostalgia las estrujaría con ardor y desesperación en un intento de posesión de quien antaño las vistiera; las besaría y pasearía por todo su cuerpo, entre las cuatro paredes de su habitación de anciana, presidida por los retratos de dos mujeres jóvenes y hermosas que, al contemplarse, se poseían para siempre.

Pero ni aun así, Alice, ni aun en caso de presenciar la escena que acabo de relatarte, explicativa sólo —para ti— del ruido de pasos procedentes de la habitación de la anciana señora que oías al subir, hubiera logrado averiguar la razón de su aislamiento, la fingida ceguera y el intercambio de prendas y objetos que, a través de tu persona, realizaban las dos ancianas. Tras la muerte del general, y después de leer sus torturadas experiencias y sentimientos (¿acaso no hubieran podido ser fruto de su imaginación, quizá enfermiza?) seguí a mi madre en su última salida al mundo exterior. Vestida con un traje blanco, asistió al teatro de la ópera, y, sola, ocupó un palco frente al de otra mujer, también vestida de blanco, y durante toda la representación se contemplaron a través de sus respectivos prismáticos. La escena, idéntica a la referida por el general en sus escritos, sólo aportó una diferencia: al final de la obra, al dejar de contemplarse y apartar los prismáticos del rostro, ambas, a la vez, se secaron una lágrima. Y nunca más volvieron a encontrarse.

La esposa del general, mi madre, permaneció largo tiempo en cama, debido a una enfermedad diagnosticada de nerviosa por los médicos. Fue cuando descubrí las primeras arrugas en su rostro. Después, no volvió a salir de casa. Varias veces, acudí al teatro de la ópera con intención de ver a la otra mujer, pero tampoco ésta acudió nunca más, ni al teatro ni a los parques o puntos de la ciudad donde, según el relato del general, aparecía al encuentro de mi madre. Y, como de mutuo acuerdo, dejaron de verse.

Tampoco yo, Alice, al igual que el general que *nunca comprendió,* como te dice la anciana señora, ni tú, hubieras logrado entender, mejor dicho para ser justos, sólo entrever el extraño comportamiento de estas dos mujeres que vivieron largos años adorándose, en busca siempre una de la otra, y, sin embargo, se encontraban sólo para contemplarse mutuamente (la única expresión de su amor) y que, de repente, dejaron de verse, a no ser por ti, Alice, por las deducciones alcanzadas a través de tus lecturas, elegidas por mi anciana madre, que yo escuchaba detrás de la puerta. *Muere joven quien posee el don de la belleza si bello desea morir. Los demás la poseerán en él que se debatirá en un mundo de formas inferiores poseyéndose únicamente a sí mismo o, lo que es peor, a su igual si lo hallase en su camino. Triste des-*

tino, entonces, el de ambos, pues tras el exultante período de la exaltación de la belleza de uno reflejada en la belleza del otro, espejo mutuo de gracias y dones, condenados a no separarse jamás, esta misma indisolubilidad les condena a reprocharse más tarde, uno al otro, el deterioro labrado en ellos por los años, la enfermedad, la vejez y la muerte por el mero hecho de mostrarse uno al otro o, lo que es lo mismo, de contemplarse. Unicamente los iguales que dejan de existir para el mundo de las formas corruptibles, en plena posesión de la belleza, antes de que los inicios de la decrepitud haga mella en ellos, permanecerán eternamente bellos en el inmutable espejo que cada uno de ellos fuera para con el otro. O, ¿cuántas veces, Alice, te hizo leer (al hacerlo, ¿fue casual tu gesto, para mí revelador?: alzaste la mirada hacia las gafas oscuras de la anciana y, acto seguido, la clavaste en los retratos de las dos mujeres que, al contemplarse, se poseen, triunfales, para siempre) aquel pasaje perteneciente a una novela romántica, donde uno de los personajes, tras arrebatarle la muerte a su amada en sus propios brazos, deseó cegarse a sí mismo para que fuera la imagen de la amada la última que vieran y guardaran sus ojos?

¿Comprendes, ahora, Alice?

Paulo Pumilio

Rosa Montero

Nace en Madrid en 1951. Estudia Periodismo y Filosofía y Letras. Empieza a trabajar en el 68 ó 69, en prensa, y desde entonces colabora en diversos medios informativos: *Pueblo; Arriba; Fotogramas; Constrastes; Posible; Hermano Lobo; Destino; Nuevo Diario; Personas;* TVE, etc. Desde hace cuatro años trabaja en *El País.* En 1976 publica un libro de entrevistas, una recopilación titulada *España para ti para siempre.* En 1979, la *Crónica del desamor.* Y en febrero de 1981, *La función Delta.* En 1978 recibe el Premio Mundo de entrevistas.

Soy plenamente consciente, al iniciar la escritura de estos folios, de que mis contemporáneos no sabrán comprenderme. Entre mis múltiples desgracias se cuenta la de la inoportunidad con que nací: vine al mundo demasiado pronto o demasiado tarde. En cualquier caso, fuera de mi época. Pasarán muchos años antes de que los lectores de esta confesión sean capaces de entender mis razones, de calibrar mi desarrollada sensibilidad amén de la grandeza épica de mis actos. Corren tiempos banales y chatos en los que no hay lugar para epopeyas. Me llaman criminal, me tachan de loco y de degenerado. Y, sin embargo, yo sé bien que todo lo que hice fue equitativo, digno y ranozable. Sé que ustedes no me van a comprender, digo, y aun así escribo. Cuando la revista de sucesos «El asesino anda suelto» me propuso publicar el relato de mi historia, acepté el encargo de inmediato. Escribo, pues, para la posteridad, destino fatal de las obras de los genios. Escribo desde este encierro carcelario para no olvidarme de mí mismo.

Pero empezaré por el principio: me llamo Pablo Torres y debo estar cumpliendo los cuarenta y dos, semana más o menos. De mi infancia poco hay que decir, a no ser que mi verdadera madre tampoco supo comprenderme y me abandonó, de tiernos meses, a la puerta de un cuartelillo de la Guardia Civil con mi nombre escrito en un retazo de papel higiénico prendido a la pechera. Me supongo nacido en Madrid, o al menos el cuartelillo de esta ciudad era, y de cualquier manera yo me siento capitalino y gato por los cuatro costados. Un guardia me acogió, mi pseudo-padre, el cabo Mateo, viejo, casado y sin hijos, y pasé mi niñez en la casa cuartel, dando muestras desde muy chico de mi precocidad: a los cinco años sabíame de memoria las Ordenanzas y acostumbraba a asistir a ejercicios y relevos, ejecutando a la perfección todos los movimientos con un fusil de madera que yo mismo ingenié del palo de una escoba. Amamantado —o, por mejor decir, embiberonado— en un ambiente de pundonor castrense, cifré mis anhelos desde siempre en un futuro de histórica grandeza: quería entrar en el Benemérito Cuerpo y hacer una carrera brillantemente heroica. Los aires marciales me enardecían y el melancólico gemido de la trompeta, al arriar bandera en el atardecer, solía conturbarme hasta las lágrimas haciéndome intuir gestas y glorias venideras, provocándome una imprecisa —y para mí entonces incomprensible— nostalgia de un pasado que aun no había vivido, y una transida admiración por todos esos gallardos jóvenes de ennoblecidos uniformes.

Con la pubertad, empero, llegaron las primeras amarguras, los primeros encontronazos con esta sociedad actual, tan ciega y miserable que no sabe comprender la talla verdadera de los hombres: cuando quise entrar en el Cuerpo, descubrí que se me excluía injustamente del servicio.

Supongo que no tengo más remedio que hablar aquí de mi apariencia física, aunque muchos de ustedes la conozcan, tras la triste celebridad del juicio que se me hizo y el morboso hincapié que los periódicos pusieron en la configuración de mi persona. Sin embargo, creo que debo puntualizar con energía unos cuantos pormenores que a mi modo de ver fueron y son tergiversados por la prensa. No soy enano. Cierto es que soy un varón bajo: mido 88 centímetros a pie descalzo y sobre los 90 con zapatos. Pero mi cuerpo está perfectamente construido, y, si se me permite decir, mis hechuras son a la vez delicadas y atléticas: la cabeza pequeña, braquicéfala y primorosa, el cuello robusto pero esbelto, los hombros anchos, los brazos nervudos, el talle ágil. Tan sólo mis piernas son algo defectuosas; soy flojo de remos, un poco estevado y patituerto, y fue esta peculiar malformación, supongo, lo que amilanó a mi verdadera madre —los dioses le hayan perdonado— influyendo en mi abandono, puesto que fui patojo desde siempre, aun siendo yo un infante. Eso sí, una vez vestido, el ángulo de mis piernas no se observa, y puedo asegurarles que mi apostura es garrida y apolínea. Pero hay otra especie, de entre los venenos vertidos por la prensa, que se presta a confusión y que quisiera muy mucho aclarar: es verdad que todos me conocen por El Chepa. No se llamen ustedes a engaño, sin embargo: mi espalda está virgen de joroba alguna, mi espalda es tersa y lisa como membrana de tambor, tendida entre los bastidores de las paletillas, y, por no tener, ni tan siquiera tengo ese espeso morrillo que poseen algunos hombres bastos y fornidos, quizá muchos de ustedes ,dicho sea sin ánimo de ofender ni señalar. Mi sobrenombre es para mí un orgullo, y como tal lo expongo. Cierto es que siendo joven y de cuitada inocencia hube de soportar a veces motes enojosos: me llamaban El Enano, Menudillo, El Seta o El Poquito. Pero una vez que alcancé la edad viril y la plenitud de mis conocimientos y mi fuerza, no volvieron a atreverse a decir tales agravios. Y ay de aquel que osara pretenderlo: soy hombre pacífico pero tengo clara conciencia de lo digno y coraje suficiente como para mantenerla. Fue mi amado Gran Alí quien me bautizó como Chepa, y comprendí que era una galante antífrasis que resaltaba lo erguido de mi porte, era un mote que aludía precisamente a la perfección de mis espaldas. Nunca hubiera permitido, ténganlo por seguro, un apelativo que fuera ofensivo para mi persona. Chepa es laudatorio, como acabo de explicar, y por ello lo uso honrosamente.

Las desgracias nunca vienen solas, como reza el proverbio, y así, mi rechazo formal para el ingreso en la Benemérita fue seguido a poco por la muerte de mi padrastro aquejado de melancolía. Unos meses antes había fallecido mi pobre madrastra de cólicos estivales y el cabo Mateo pareció no saber sobrevivirla. Así, con apenas dieciocho años en mi haber, me encontré solo en el mundo, reincidentemente huérfano, y sin hogar ni valer, ya que hube de abandonar la casa cuartel. El comandante del puesto, empero, pareció compadecerse de mi triste sino, y me buscó oficio y acomodo con el padre Tulledo, que regentaba la parroquia cercana y que había sido capellán castrense en los avatares de la guerra civil. Con él viví cerca de diez años desempeñando las labores de sacristanía, diez años que fueron fundamentales en mi vida y formación. El padre Tulledo me educó en lenguas clásicas, ética, lógica y teología, y gracias a él soy todo lo que soy. Pese a ello nunca pude llegar a apreciarle realmente, los dioses me perdonen. El padre Tulledo era un hombre soplado y alámbrico, un transfigurista con propensión al éxtasis, de mirar desquiciado y tartajeo nervioso. Me irritaba sobremanera la burda broma que solía repetir, «La Misericordia de Dios ha unido a un Tulledo con un tullido, hijo mío, para que cantemos Su Grandeza», como si mi cuerpo estuviera malformado y retorcido. Otrosí me desalentaba su empeño en vestirme siempre con las ajadas gualdrapas de los monaguillos, para ahorrar el gasto de mis ropas; y más de una beata legañosa y amiopada me tomó alguna vez por un niño al verme así ataviado, dirigiéndose a mí con tal falta de respeto —«eh, chaval, chico, pequeño»— a mis años y condición, que la indignación y el despecho me cegaban.

Sea como fuere, también le llegó la hora al padre Tulledo, y un traicionero ataque cardíaco le hizo desplomarse un día, como huesuda marioneta de hilos cortados, sobre la jícara del chocolate de las siete. Vime de nuevo solo y sin hogar, con el único e inapreciable tesoro de un libro que me dejó en herencia el padre, una traducción de las *Vidas Paralelas,* de Plutarco, de la colección Clásica Lucero, edición noble y en piel del año 1942, con un prólogo escrito por el padre Tulledo en el que se resaltaba el paralelismo entre las gloriosas gestas bélicas narradas por Plutarco y las heroicidades de nuestra Cruzada Nacional. Y debo decir aquí que, con ser este libro mi sola posesión, con él me sentía y me siento millonario, puesto que desde entonces ha sido mi guía ético y humano, mi misal de cabecera, el norte de mi vida.

Les ahorraré, porque no viene a cuento ni ha lugar, el relato de aquellos dos primeros años en busca de trabajo. Básteme decir que sufrí de hambrunas y de fríos, que malviví en tristes cochiqueras y que mis lágrimas mojaron más de un atardecer: no me avergüenzo de ello, también los héroes lloran, también lloró Aquiles la muerte de Patroclo. Al cabo, cumpliendo la treintena, fui a caer, no me pregunten cómo, en el reducto miserable del Jawai, y conocí al bienamado Gran Alí y a la grotesca Asunción, para mi gloria y desgracia.

El Jawai era un club nocturno raído y maloliente, enclavado en una callejuela cercana a Lavapiés. Un semisótano destartalado decorado con ínfulas polinésicas, con palmeras de cartón piedra de polvorientas hojas de papel y dibujos de indígenas por las paredes, unas barrosas y deformes criaturas de color chocolate y faldellín de paja. El dueño, el malnombrado Pepín Fernández, era un cincuentón de lívida gordura que se pintaba cabellos y mejillas, hombre de tan mentecata y modorra necedad que, cuando al llegar al club le avisé cortésmente de que Hawai se escribía con hache y no con jota, juntó sus amorcilladas manos en gesto de pía compunción y contestó con chirriante voz de hidropésico: «Qué le vamos a hacer, Chepa, resignación cristiana, resignación, las letras del luminoso me han costado carísimas y ya no lo puedo arreglar, además, yo creo que la gente no se percata de la confuscación». Pepín daba a entender que era hijo de un sacerdote rural, y puede que su vocación viniera de tal progenitor sacramentado, puesto que su máxima ambición, según decía, era devenir santo y ser subido a los altares. Por ello, Pepín hablaba con melosidad curil y, para mortificarse, siendo abstemio y feble como era, solía beber de un trago copas rebosantes de cazalla, con las que lagrimeaba de ardor estomacal y náuseas, ofreciendo el etílico sacrificio por su salvación eterna. Acostumbraba a pasar los días en el chiscón que servía de taquilla y guardarropa, encajando sus flatulencias y sus carnes en la estrecha pecera de luz de neón, y ahí apuraba el cilicio de sus vasos de aguardiente, melindroso, y se santiguaba con profusión antes de cada pase de espectáculos. Porque el Jawai tenía espestáculo: bayaderas tísicas y cuarteronas que bailaban la danza del vientre fláccido, cantantes sordos que masacraban roncamente tonadas populares, y, como fin de fiesta y broche de oro, el hermoso Gran Alí. Las bailarinas cambiaban con frecuencia aunque todas parecieran ser el mismo hueso, pero el Gran Alí tenía contrato fijo y permanecía siempre anclado en el Jawai, desperdiciando su arte y su saber. Porque el Gran Alí era mago, un prestidigitador magnífico, un preciso y sutil profesional. Inventaba pañuelos multicolores del vacío, sacaba conejos de la manga, atravesaba a Asunción de espadas y puñales: era lo más cercano a un dios que he conocido. Parecía de estirpe divina, ciertamente, cuando salía a escena, refulgiendo bajo los focos con los brillos de su atavío mozárabe. Era más o menos de mi misma edad y poseía una apostura de gracia irresistible, el cuerpo esbelto y ceñido de carnes prietas, el mirar sombrío y soñador, la nariz griega, la barbilla rubricando en firme trazo una boca jugosa y suave, y su tez era un milagro de tostada seda mate. Comprendo que Asunción le amara con esa pasión abyecta y entregada, pero no se me alcanza el porqué del empeño de Alí en continuar con ella, con esa mujerona de contornos estallados, caballuna, con gigantes senos pendulares, de boca tan mezquina y torcida como su propia mente de mosquito. Alí, en cambio, tenía toda la digna fragancia de un príncipe oriental, de un rey de reyes: No era moro Alí, sino español, nacido en Algeciras y llamado Juan en el bautismo, pero todos le conocíamos como el Gran Alí, en parte porque prefería reservar su verdadero nombre como prevención ante conflictos policiales, pero sobre todo porque en verdad era grande y portentoso.

He de detener aquí un instante el hilo de mi historia y volver los ojos de nuevo hacia mí, con su licencia, por mor de la perfecta comprensión de lo que narro. Descubrí mi homosexualidad años ha; ustedes saben de ella por la prensa. Quisiera aprovechar esta ocasión, sin embargo, para intentar hacerles comprender que la homosexualidad no es la mariconería que ustedes condenan y suponen torpemente. Homosexuales eran, en el mundo clásico, todos los héroes, los genios y los santos. Homosexual era Platón, y Sócrates, y Arquímedes, y Pericles. La homosexualidad es un resultado natural de la extrema sensibilidad y delicadeza. Se puede ser homosexual y heroico, homosexual y porfiado luchador. Como Alcibíades, el gran general cuya biografía narra Plutarco. Como los trescientos legendarios héroes que formaban la Cohorte Sagrada de Tebas, una cohorte imbatible que basaba su fuerza en estar compuesta por amados y amadores, por enamoradas parejas de guerreros que luchaban espalda contra espalda y que redoblaban sus esfuerzos en combate para defender a su adorado compañero. Ah, si yo hubiera nacido en aquel entonces, en aquella era de gigantes, en aquella época dorada de la humanidad. Yo hubiera sido unos más de aquellos gigantes de mítica nobleza, porque el mundo clásico medía a los hombres por su grandeza interior, por su talla espiritual, y no por accidentes y prejuicios como ahora. Hogaño soy el pobre Chepa, condenado a cadena perpetua por haber cometido el razonable delito de matar a quien debía morir. Antaño hubiera sido un guerrero de la legendaria Cohorte Sagrada. Mi estatura me convertiría en invencible, repartiría fieros mandobles entre los enemigos rebanándoles el aliento a la altura de las rodillas, segándoles la vida por las piernas, porque en aquel entonces las armaduras no solían cubrir bien las extremidades inferiores y las canillas de mis oponentes se me ofrecerían inermes y fáciles ante el hierro justiciero de mi espada. Quizá hubiera llegado a ser un general romano, un triunfador cónsul pacificador de las provincias bárbaras, y Plutarco me incluiría entre sus áureas biografías: Paulus Turris Pumilio, cuatro veces cónsul imperial. Porque, como ustedes saben —aunque, pensándolo bien, temo fundadamente que no lo sepan— la palabra «pumilio» significa en latín «hombre pequeño», puesto que los romanos solían denominarse con un nombre de referencia a su apariencia física, un mote que era sólo descriptivo y nunca ofensivo, tal era su grandeza de ánimo. Y así, el apodo del Gran Claudio significaba «cojo», y el del feroz Sila quería decir «cara bermeja», y el del ilustre Pumilio expresa mi talla menuda pero grácil. Yo hubiera sido un héroe, pues, y hubiera amado a héroes: la homosexualidad en el menudo clásico era natural y comprensible, porque, ¿qué mejor y más merecedor objeto de pasión podía hallarse que aquellos luchadores portentosos? Pues del mismo modo amaba yo a mí muy hermoso Gran Alí, Pido licencia para hacer una puntualización más y termino con estas fatigosas referencias personales. Poco después de descubrir mi ática tendencia amorosa, mi fe religiosa experimentó cierto quebranto. Hoy puedo considerarme un cínico creyente o un ateo crédulo; padezco el suave y resignado escepticismo de todo buen teólogo; en esto estoy más cerca de Séneca que de Lucrecio. Pero baste esto en cuanto a mí: debo apresurar mi narración, puesto que la revista sólo me ha concedido veinte folios y he de comprimir en ellos toda mi vida y mi dolor.

Ello es que pasé a formar parte de la miseria familia del Jawai. El dueño, Asunción, Alí y yo vivíamos sobre el local, en una vieja y sombría casa de mil puertas e interminables corredores. Pienso que el grueso Pepín de carnes pecadoras estaba enamorado de Asunción, que la quería con reprimido deseo de loco santurrón en una de esas aberrantes pasiones que a veces surgen entre seres desdichados como ellos, y supongo que de ahí nacieron las prebendas de que disfrutábamos. A mí, sin embargo, me había contratado el Gran Alí, y ataviado de esclavo oriental colaboraba en su número, y fuera del escenario le servía de ayuda de cámara, de fiel secretario y compañero. Alí era sobrío en el decir y en los afectos, tenía un talante estoico, duro y bien templado al fuego de la vida, y eso le hacía si cabe aún más admirable. Todo el mundo le temía y respetaba, y era digno de verse cómo Pepín sacudía sus mofletes de terror ante la fría furia de Alí, o cómo Asun gemía puercamente implorándole mimos o perdones. Pero Alí era tan implacable como debe serlo todo héroe, porque los héroes no saben disculpar las flaquezas humanas en las que ellos no incurren: la misericordia no es más que el medroso refugio de los débiles, que perdonan sólo para asegurarse de que serán perdonados a su vez. He de decir que Alí me señaló la espalda varias veces con su correa, y siempre con motivo suficiente, o bien porque vertía un plato al servirle la comida, o bien porque me distraía en atender sus demandas sobre el escenario, o porque no sabía comprender su estado de ánimo. Sus castigos, bien lo sé, me curtieron y limaron de blanduras. Sus castigos eran sobrias lecciones de entereza, porque Alí repartía justa sabiduría con la punta de su correa de cuero, lo mismo que Licurgo supo batir el hierro de sus espartanos hasta convertilo en acero con la ayuda de la dureza de sus leyes. Teníame en buen aprecio Alí, porque nunca escurrí el bulto a sus castigos ni salió de mi boca queja alguna, aun cuando me golpeara con el bronce de la hebilla; y ni tan siquiera grité aquella vez que rompí por pura torpeza el cristal de la bola levitadora y Alí me quebró el espinazo a palos. Más de tres semanas estuve en un suspiro, baldado y encogido en el jergón, y al atardecer Asunción venía a darme la comida, y se acurrucaba a los pies de la cama, hecha un ovillo de carnes y arrugas, y me miraba con sus ojos vacunos y vacíos, y exhalaba blandos quejidos de debilidad impúdica. Su conmiseración por mí me daba náuseas y hube de llamarle la atención, «eres una ingrata», le dije, «no comprendes nada, no sabes merecerle», y ella lo único que hacía en respuesta a mis palabrass era arreciar en gimoteos y retorcerse los dedos de las manos. Asunción era un residuo humano deleznable.

Alí solía desaparecer de vez en cuando. Se marchaba al final de una función y no volvía a saberse de él en dos o tres días. Pepín admitía sus escapadas de gran amo en busca de horizontes más propicios, y Asunción le lloraba pálida y descompuesta por las noches. Regresaba Alí trayendo un olor a riesgo y hazaña prendido a los cabellos, los ojos tenebrosos, el tinte de su tez más liváceo, la piel bruñida y tensa sobre la delicada aguda de sus pómulos. La experiencia me enseñó que esos eran sus momentos dolorosos, los instantes en los que vivía el drama de su destino heroico. Yo solía acurrucarme a su lado en silencio, recibía algún pescozón o puntapié como desfogue de su trágico barrunto de tristezas, y luego mi señor, mi bien, mi amado, acostumbraba a hacerme confidencias. «Esta vida no es vida, Chepa», decía sombrío y con la mirada preñada de presagios, «esto es un vivir de perros, yo me merezco otra suerte». Sacaba entonces su navaja cabritera, la abría, pasaba un dedo pensativo por el filo de la hoja, «cualquier día haré una locura, mejor morir que vivir en este infierno», y me miraba con su divino desprecio, y añadía, «claro que tú qué sabes de esto, Chepa, tú qué sabes lo que es ser un hombre muy hombre como yo y estar condenado a pudrirse en esta miseria», y diciendo esto sus ojos echaban relumbres lunares y fosfóricos. Estaba tan bello, tan dolorosamente bello en su ira de titán acorralado.

En una ocasión tardó más de tres semanas en volver, y cuando lo hizo encontró que Pepín había contratado a un transformista para fin de fiesta. Yo le vi llegar, el espectáculo estaba a la mitad y el travestí bailoteaba en el tablado con paso incierto sobre sus zapatones de tacón de aguja. Sentí un repentino frío en la nuca y miré hacia atrás: allí estaba Alí, como un semidiós de espigada y ominosa mancha, una sombra apoyada junto a la cortina de la entrada. Observé cómo Pepín se agitaba en gelatinosas trepidaciones de pavor, y cómo intentaba hundirse en el escaso hueco del chiscón y parapetarse bajo el mostrador. Alí, sin embargo, no le prestó atención: vino en derechura al escenario, interrumpió el canto de sirena del descolorido travestí, le agarró del pescuezo ante el paralizado estupor de los clientes. «Tú, cabra loca», masculló, «lárgate antes de que me enfade de verdad», la criatura se retorcía entre sus manos y protestaba en falsete «ay, ay, bruto, más que bruto, déjame». Allí le arrancó las arracadas de las orejas, dejándole dos caminitos de sangre sobre el lóbulo y arrojó los pendientes en dirección a la salida como marcándole el rumbo. «Aire, guapa, aire», ordenó al travestí rubricando sus palabras con unos cuantos empellones, y el malhadado salió tropezando en sus tacones, embrollándose en su huir con la desordenada fuga de los clientes de la sala.

Volvióse entonces Alí en dirección a la escalera, encaminando sus pasos hacia el piso. Yo le seguí, trotando a la vera de sus zancadas elásticas, aspirando gozosamente el aroma de mi dueño, aroma bélico de furias. Por aquel tiempo, ya debíamos llevar unos cuatro años juntos, Asunción solía beber sin tino ni mesura, y la encontramos postrada en la cama, sobre un amasijo de sábanas pringues y pardas que olían a sudores y a ese repugnante y secreto hedor de hembra en celo. Asunción levantó la cara y nos vio, tenía el rostro abotargado y laxo, el mirar embrutecido y sin color. «Alí...», musitó con torpe aliento, «Alí», repitió, y sus ojos se llenaron de legañosas lágrimas y comenzó a dar hipidos de borracha, «tres semanas sin saber de ti», borboteaba, «mal hombre, tres semanas, ¿dónde has ido?», Alí se quitó el cinturón con calmoso gesto, «ay, no, no, no me pegues ,mi amor, no me pegues, canalla», soplaba Asunción etre sus mocos escurriéndose al suelo en sus inestables intentos de escapar, zummmm, sonaba la correa al cortar el aire, bamp, golpeaba secamente en sus carnes blandas y lechosas, zummmmmm, bamp, zummmmmm, bamp, qué hermoso estaba mi señor, con la camisa entreabierta y los rizosos vellos negros vistiendo de virilidad su poderoso pecho, zummmmm, bamp, zummmmm, bamp, Asunción se retorcía, imploraba, gemía, zummm, zummmmmm, zummmmmm, en una de sus cabriolas de dolor cayó a mis pies, su rostro estaba a pocos centímetros del mío, un rostro desencajado y envilecido de hembra avejentada, «ay, Chepa, Chepa», me imploró, «avisa a la pasma que me mata», su aliento ardía en aguardiente y toda ella era una peste.

Marchóse al fin Alí sin añadir palabra, y con un portazo me impidió seguirle. Quedamos solos, pues, Asunción y yo, y ella lloriqueaba con exagerada pamema, arugada en un rincón, «ay, ay, ay», hipaba rítmicamente, «qué vida miserable, qué desgraciadita soy, qué desgraciada», con el dorso de la mano se limpiaba la boca hinchada y sucia de sangre y mocos, «ay, ay, esto es un castigo de Dios por haber abandonado a mi hija», porque Asunción tenía una criatura perdida por el mundo que dejó a la caridad cuando unió su vida a la de Alí, «ay, ay, ay, quién me mandó a mí, tan feliz que era yo con mi casita, con mi niña y mi don Carlos», recitaba una vez más su fastidiosa retahíla de pasadas grandezas, cuando ella era una adolescente hermosa —eso aseguraba ella, al menos— y amante fija de un honrado hombre de negocios de Bilbao —no hago más que repetir sus mismas palabras—, «qué veneno me dio este hombre, mala entraña», proseguía en sus lamentos, «mejor me hubiera sido quedarme muerta por un rayo el mismo primer día que le vi, mejor muerta que ser tan desgraciada». Fue entonces, y creo ser sincero en mi recuerdo, la primera vez que pensé en matarla, puesto que la muy cuitada lo pedía a voces. Fue esa la primera vez, digo, pero andando el tiempo hube de pensarlo en repetidas ocasiones al ver cómo arrastraba su existencia de gusano, sin afán ni norte de vivir.

Releo lo que he escrito y sospecho nuevamente que ustedes no serán capaces de comprenderme y comprenderlo. Ustedes, los honestos biempensantes, hijos del siglo de la hipocresía, suelen escandalizarse con mojigato escrúpulo ante las realidades de la vida. Me parece estar escuchando sus protestas y condenas ante la violencia desplegada por mi Alí, o su repulsa ante mi caritativo deseo de acabar con los pesares de Asunción. Ustedes, voraces fariseos, lagrimean mendaces aspavientos ante mi relato, mas pese a ello no poseen más moral que la de la codicia. Qué saben ustedes de la grandeza de Alí al imponer sus leyes justicieras: su feroz orgullo era el único valor que ordenaba nuestro mundo de ruindad. Qué saben ustedes de la equidad de mis deseos asesinos. Qué saben ustedes del honor, cuando en sus mezquinas mentes sólo hay cabida para el dinero.

Pero he de proseguir mi narración, aunque desperdicie esencias en marranos. Fue poco después de esto cuando Alí decidió que nos marcháramos a probar suerte a las Américas. Consiguió algún dinero no se de dónde para los tres pasajes en el barco y cruzamos los mares arribando en primavera a Nueva York, tras haber sido llorosamente bendecidos por el sudoroso Pepín a nuestra marcha. Permítaseme pasar con brevedad por los quince primeros meses de nuestro vagabundear por aquel país gigante, aunque fueran aquéllos, o tempora o mores, los últimos momentos felices de mi vida. Diré tan sólo que allá los campos son aún más desiertos y polvorientos que Castilla, que la miseria es si cabe aún más miserable y que Alí mostróse sosegado y amable en un principio para irse agriando con el viaje. Caímos un verano en Nashville, una ciudad plana, destartalada e inhumana como todas, y nos contrataron en un club nocturno en el que alternábamos nuestro espectáculo con mujeres encueradas que meneaban sus carnes sobre la superficie de las mesas del local. De la mezquindad del sitio baste decir que sólo era visitado por una clientela de negros y demás morralla canallita, mera carne de esclavos para los nobles de la civilización grecorromana. Estábamos allí, agobiados del agosto sureño, malviviendo en una caravana alquilada cuya chapa se ponía al rojo vivo con el sol. Una tarde, a la densa hora de la siesta, Alí apareció con su delicado semblante traspasado de oscuridad. Asunción estaba borracha, como siempre. Se acababa de lavar las greñas y permanecía tirada en el suelo del retrete del club, apoyada contra la pared, secándose el pelo con el aire caliente del secador de manos automático, ingenio mecánico que la admiraba sobremanera. Alí se la quedó mirando, callado y sombrío, mientras Asunción le dedicaba una sonrisa de medrosa bobería, temblona y errática .El club estaba en silencio, vacío y aún cerrado, y sólo se oía el zumbido del aparato que soplaba su aliento bochornoso en el agobio de la tarde. De vez en cuando, el secador se detenía con un salto y Asun extendía su titubeante mano para apretar de nuevo el botón. Estaba someramente vestida con una combinación sintética, sucia y desgarrada, y por encima de la pringosa puntilla del escote se le desparramaba un seno trémulo y de color ceniza. Se mantenía en precario equilibrio contra las rotas losetas del muro, espatarrada, con las chancletas medio salidas de los pies, y el conejo amaestrado de Alí roía pacientemente la desmigada punta de felpa de una de sus zapatillas. Alí se acuclilló delante de ella y presentí que iba a suceder lo irremediable. «Tú», dijo mi dueño sacudiéndola suavemente por un hombro, «tú, atiende, ¿me escuchas?». Asunción le miraba con estrabismo de beoda y hacía burbujitas de saliva, «está borracha», gruñó Alí para sí mismo con desprecio y enronquecida voz y luego calló un momento, pensativo. «Escucha», añadió al cabo, «escucha, Asun, escucha, es importante, ¿sabes cómo se hace el truco de la bola levitadora?», Asun sonreía y apretaba el botón del secador, «qué guapo eres, Alí, mi hombre», musitaba zafiamente. Alí le dio un cachete en la mejilla, una bofetada suave, de espabile», «tienes que atender a lo que te digo, Asun, me queda poco tiempo», y su voz sonaba tensa y preocupada, «¿sabes el truco de la bola? ¿Recuerdas que debes sujetar el sedal al techo?», ella cabeceaba, asintiendo a quien sabe qué, ausente, «escucha», se impacientaba Alí, irguiéndola contra la pared, «escucha, ¿lo de los pañuelos lo sabes? Después de meterlos en la caja negra tienes que apretar el resorte del doble fondo..., ¡el resorte del doble fondo! ¡Escucha! ¿Sabes dónde está? Tienes que aprenderlo, Asun, atiende ,te va a hacer falta o si no te morirás de hambre», pero ella tenía el mirar cerrado a toda posible comprensión. Alí se levantó, la contempló durante largo rato frunciendo su perfil de bronce, rascó la tripa del conejo con la punta de su pie y se marchó, sin tan siquiera mirarme, yo creo que por miedo a delatarse.

No le volvimos a ver más. Días después supe que se había ido con una de las danzonas de sobremesa, una mulata adolescente de orejas coralinas. Con pleno derecho, puesto que él lo había ganado, habíase llevado todo el dinero, y dos pequeñas joyas de Asunción, y la radio portátil, y el reloj. Pero en su magnanimidad había dejado todos sus útiles de mago, las cajas trucadas, los pañuelos de cuatro superficies. Asunción, como era previsible, reaccionó de forma abyecta. Durante días sobrenadó en lágrimas y alcohol. Lloraba por su ausencia con impúdicos lamentos y era incapaz de hilvanar dos pensamientos consecuentes. No teníamos un maldito dólar con el que comer, y para colmo de agravios Asunción estaba preñada de dos meses, enojoso avatar que le acontecía con frecuencia: su desgastado cuerpo mantenía un furor prolífero propio de una rata. Hube de ser yo, una vez más, quien salvara aquella situación. Fui yo quien buscó a una de las chicas del club para que nos desembarazara de la grávida molestia de Asunción. Fui yo quien imploró al dueño del local para que la contratara como bailarina, y he de resaltar que fue un duro esfuerzo, puesto que Asunción estaba gruesa y espantosa y el dueño se resistía a darle empleo y al fin concedió tan sólo media paga. Fui yo quien tuvo que soportar aquellos primeros y lamentables días de Asunción, sus moqueantes gemidos, su torpe dolor. Recuerdo la noche que debutó como danzante. El día anterior le habían incrustado un trozo de caña de bambú en el útero y había escupido el feto en la mañana, de modo que, cuando le tocó bailar, las blancuzcas carnes de Asunción estaban coloreadas de fiebre. Agitaba el culo sobre la mesa con menos gracia que un carnero —mostró unas púdicas pamplinas de doncella verdaderamente sorprendente— y aún bailando lloriqueaba entre dientes, así es que tuve que permanecer a su lado durante toda la actuación para que no desbarrara demasiado, «eres una imbécil», le decía, «vamos a perder el trabajo, después de lo que me ha costado conseguirlo», y gracias a mi serenidad salvé el momento. Fui yo, en fin, quien la enseñó poco a poco todos los trucos mágicos de Alí, trucos que yo sabía a la perfección pero que por mi escasa talla me veía impedido de representar, y conseguí montar entre los dos un espectáculo más o menos presentable. Volvió a pasárseme por la cabeza entonces la idea de matarla, al comprenderla tan desdichada y miserable, en aquellos primeros días de soledad. Pero deseché el pensamiento por pura estrategia, me aferré a la pobre Asunta con la esperanza última de volver a ver a Alí algún día. Porque no he citado aquí mis penas y tormentos por decoro, pero es menester que haga una referencia a mi digno dolor ante la ausencia de mi dueño, la pérdida del sentido de mi vida, la punzante amargura que casi me condujo a la demencia; y sólo se amenguaba mi tormento con el lenitivo de imaginarle al fin libre, al fin triunfante, al fin Alí glorioso, viviendo la vida que en verdad le correspondía, una vida de héroe y de gala.

Proseguimos durante años nuestro recorrido por el inframundo americano, llevando nuestro espectáculo de magia por los clubes, con nuestras visas caducadas, huyendo de los hurones del Departamento de Estado. Estábamos invernando en los arrabales de Chicago, atrapados por los vientos y las nieves, cuando una noche, tras la actuación, entró un mangante en el camarín. Era magro y cuarentón, escurrido de hombros, cejijunto, con un chirlo violáceo atravesándole la jeta y una expresión necia pintada en las orejas. Llegó al camerín, digo, se acercó a Asunción riendo bobamente y dijo: «ai laiquiú», que quiere decir «me gustas» en inglés. Yo poseo profundos conocimientos de griego y de latín, y mi natural inteligencia me ayudó a hablar y entender inglés con notable rapidez .Pero mi fuerte son las lenguas clásicas y nobles, y nunca manifesté el menor interés en aprender bien ese farfulleo de bárbaros que es el idioma anglosajón: más aún, llevé a gala el no aprenderlo. Por ello, mi inglés es de oído, y seguramente en la transcripción del mismo se deslizará algún pequeño error, que espero que ustedes sabrán comprender y disculpar. Decía que el rufián de la mejilla tajada le dijo a Asunta «ai laiquiú» y «iú ar greit», que significa eres grande, magnífica, estupenda. Pero ella, con una cordura sorprendente, mostróse recelosa y resabiada y le echó sin miramientos del local. Regresó el tipo al día siguiente recibiendo el mismo trato, y la escena se repitió por más de una semana. Al cabo, en su visita nona, Asunción dudó, suspiró y se le quedó mirando sumida en desalientos. El chirlado aprovechó el instante y añadió con gesto papanatas: «ai laviú, iú ar aloun an mi tú», que significa «tú estás sola y yo también», y entonces Asunción se echó a llorar acodada en el canasto de mimbre de la ropa. El tipo se acercó a ella, acarició su pelo con una intolerable manaza de enlutadas uñas, y luego sacó de su bolsillo un pisapapeles de cristal —una bola con la estatua de la Libertad dentro que nevaba viruta de algodón al volverla del revés— y se lo ofreció a Asunción, «for iú, mai darlin». A partir de entonces fuimos de nuevo tres.

Nunca pude soportarlo. Se llamaba Ted y era un australiano ruín y zafio. En el antebrazo izquierdo tenía tatuada una serpiente que él hacía ondular y retorcerse con tensiones musculares. Ted fumaba mucho, tosía mucho y de vez en cuando escupía sangre. También fumaba opio y entonces los ojos se le achicaban y quedaba flojo y como ausente. No sabía hablar más que de su maldita guerra, «dat fáquin uor», como él decía. Aprendió a chapurrear cristiano de forma lamentable y disfrutaba mentecatamente al narrar una y otra vez su misma historia, mientras encendía un pitillo con otro, esos cigarrillos que él partía por la mitad con la burda esperanza de cuidar así sus pulmones tuberculosos. Repetía incesantemente cómo fue al Vietnam como ayudante de sonido de un equipo de la televisión americana. Cómo el equipo se volvió tras dos meses de estancia, y cómo él decidió quedarse allí, permaneciendo entre Vietnam y Camboya durante nueve años para aspirar el aroma de la guerra. «Yo no tener otra cosa mejor que hacer», explicaba Ted chupando avariciosamente sus mutilados cigarrillos, «en Vietnam tú vivir para no ser matado, esa estar buena razón para vivir». Después vino el caer herido en el 73, el encontrarse en América de nuevo sin un maldito dólar, el que la guerra se acabara, «dous bartards, finis mai uor», exclamaba indignado, esos bastardos terminaron mi guerra. Asunción le escuchaba en religioso silencio y le quería, oh, sí, fútil y casquivana como toda mujer fue incapaz de guardar la ausencia de su dueño, e incluso dejó de beber, o al menos de emborracharse tanto. Se me partía el corazón viendo cómo ese malandrín australiano engordaba y enlucía a ojos vistas, cómo echaba pelo de buen año, como era tratado a cuerpo de rey. Ted se dejaba mimar y dormitaba en opios y siestas abundantes. No servía ni para el trabajo ni para el mando, era incapaz de darle un bofetón a nadie. Permanecía el día entero calentándole la cama a Asunción, y luego, al regresar nosotros de la actuación del club, se incorporaba entre almohadones riéndose con regocijo de drogado, hablaba de su guerra, sacaba a pasear a la serpiente de antebrazo, pellizcaba las nalgas de Asunción con rijoso carcajeo y la llamaba «darlin, suiti, joney», entre arrebatos de tos mojada en sangre. Ted no era un hombre, era un truhán acaponado. Y ese eunuco había suplantado a mi dueño y señor, ese eunuco pretendía ser el sucesor del Gran Alí.

Sé bien que en mi condena judicial influyó notablemente el hecho de haber intentado un segundo «asesinato» —qué injusta, cruel palabra —tras la consumación del primero. ¿Cómo podría explicarles que hay personas cuya vida es tan banal que su muerte es el único gesto digno, la única hazaña dramática de toda su existencia, y que parecen vivir sólo para morir? Los dioses me ayuden, ahora que ya me aproximo al desenlace del relato, a saber encontrar la voz justa, el vocablo certero con que expresar la hondura épica de lo acaecido.

Un día decidieron volver a Madrid. Y digo decidieron, puesto que yo me resistía a abandonar esas Américas en las que sabía que debía estar mi amor. No obstante, y tras cierto forcejeo, accedí a acompañarles, ya que la presencia de Asunción seguía pareciéndome el último recurso posible para conectarme con Alí: siempre tuve la intuición de que mi señor volvería algún día a reclamar sus propiedades. Llegamos, pues al Jawai, que seguía manteniendo en pie su portentoso deterioro, y Pepín nos recibió con alborozoso, lagrimeo falaz de viejo senil y grandes retemblores de papada. Pepín se apresuró a oficiar el sacrificio de tres copas de orujo una tras otra, dando las gracias a los cielos por nuestro buen regreso, y ni tan siquiera mencionó la ausencia del bienamado Alí, guardando un silencio infame y temoroso. Vime de nuevo instalado en mi camastrón de siempre, tras seis años de ausencia, y continúe arrastrando mi desesperada vida mes tras mes, actuando en el club durante las noches, ahogándome de nostalgia en los días, recordando la apostura de mi dueño y abrasándome en el dolor de su ausencia, que en ese decorado que habíamos compartido se me hacía aún más insoportable. Transcurrieron así quizá tres años en un sobrevivir cegado de atonía. Hasta que al fin sucedió todo.

Amaneció con la apariencia de un día anodino, ni más alegre ni menos triste que otro cualquiera. La mañana debía andar mediada, y yo me encontraba revisando el material del espectáculo, extendido sobre el carcomido tablado de madera. En esas escuché el susurro de una puerta al cerrarse blandamente. El local estaba vacío y oscuro, sólo dos focos iluminaban mi trabajo en el escenario. Procuré escudriñar las tinieblas más allá del círculo de luz: junto a la entrada vi un borrón indeciso, la figura de un hombre, que giró de inmediato y se dirigió hacia el piso por las escaleras interiores. No sé por qué —ciertamente por la clarividencia del amor —sospeché que esa mancha fugaz debía ser Alí, pese a no haberle podido distinguir con precisión. El corazón se me desbocó entre las costillas, y sentí cómo el aliento se me congelaba en la nuez. Dejé los avíos de mago abandonados y corrí hacia el piso con toda la velocidad que pude imprimir a la escasez de mis piernas. Antes de entrar en la casa, sin embargo, me detuve, y quedé atisbando por la rendija de la puerta semiabierta. Al fondo estaba Asunción, desmelenada, ojimedrosa, mirando hacia un punto fijo de la habitación con gesto petrificado y carente de parpadeo. Y entonces le oí. Oí a mi dueño, a mi Alí, a mi bien amado, que hablaba desde el otro lado de la puerta, oculto para mis ojos, con voz quebrada y extraña: «Bueno, Asunta, ¿no saludas a tu hombre?», decía, «¿no vienes a darme un beso, después de tantos años? Vuelvo a casa y ya no me volveré a marchar», añadía para mi gran gozo, «venga mujer, ven a darme un beso si no quieres que te rompa los hocicos», concluía turbio y receloso. La mancha de su cuerpo cubrió la rendija, le vi de espaldas acercándose a Asun, le vi forcejear con ella, oí una sonora bofetada, un exabrupto, un gemido, Alí dio un traspiés separándose de la mujer, y en la mano de Asunción brilló algo: era la bola, el pisapapeles de las nieves eternas de algodón, que siempre mantuvo un ridículo puesto de honor en la cómoda de la pared del fondo. La bola de vidrio cruzó el aire lanzada por feroz impulso. Oí un golpe seco, un quejido, luego una especie de sordo bramar, «vas a ver, puta, vas a ver quién soy yo, te vas a arrepentir de lo que has hecho», abrí un poco más la puerta, contemplé nuevamente las espaldas de Alí dirigiéndose hacia ella, en su diestra brillaba la vieja navaja cabritera y el paso de mi dueño era indeciso. Y en ese momento apareció por no sé dónde el miserable autraliano, con pasmosa velocidad le sujetó el brazo armado, le propinó, oh, no quisiera recordarlo, un rodillazo en sus partes pudendas, recogió calmoso la navaja del suelo mientras observaba la figura acuclillada y retorcida de dolores de mi Alí: «tú marchar a toda leshe», decía Ted, chulo y burlón, con el chirlo resaltando extrañamente lívido en su cara, «tú fuera o te mato, ¿habiste?, largo, si volveré a verte aquí te mato, ¿sabiste?». Y le agarró del cogote y del cinturón de cuero —su viejo cinturón, su vara de mando, su báculo patricio— y le levantó en volandas, y apenas tuve tiempo de apartarme de la puerta, y Ted pasó ante mí sin verme y le arrojó escaleras abajo, el eunuco arrojó a mi bello héroe.

Callé, consternado ante tal subversión de valores, ante tal apocalipsis. Vi cómo el sombrío bulto de Alí se incorporaba del suelo gruñendo quedamente y cómo cojeaba hacia el estrado, hacia el frío círculo de luz. Bajé tras él chitón y cauto y me acerqué al escenario. Le llamé. «Alí, Gran Alí», dije. Y él se volvió.

Cómo podría describir el infinito dolor, la melancolía, la mordedura ardiente que me causó su imagen. Estaba grueso, dilatado, calvo. Estaba, oh dioses, convertido en un desecho de sí mismo. Me costó trabajo reconocerle bajo la máscara de su rostro abotargado e inflamado: tenía los ojos muertos, la nariz enrojecida, el cráneo pelón y descamado, y, sobre una ceja, el sangriento moretón producido por el pisapapeles asesino. Qué crueles habían sido esos ocho años de ausencia para él: le perdí siendo un dios, un guerrero, un titán, y le recuperé siendo un esclavo, un derrotado barrigudo, una condensación de sucesivas miseras. «Chepa», farfulló tambaleante, «ven aquí. Chepa, ven», añadió con aviesa mansedumbre. Me acerqué. Alí apoyaba su trastabilleo de borracho en la mesita de laca del espectáculo. «Ven, ven», insistía. Me acerqué aún más, aunque hubiera preferido ocultar las lágrimas que me cubrían las mejillas. Alí extendió una mano torpe y me agarró del cuello. Hubiera podido evitar su zarpa fácilmente y sin embargo no quise. «Tú también, Chepa, ¿tú también quieres robarme y echarme de mi casa?», su mano apretaba y apretaba y yo lloraba negando con la cabeza, porque con la garganta no podía, tan cerrada la tenía de su tenaza y de mi propia tristeza. Sus ojos, que antaño fueron secretos, zaínos y metálicos, estaban inyectados en sangre, con el blanco de color amarillento. Cuando ya me sentía asfixiar aflojó la mano y me soltó. «Les voy a matar, Chepa», decía con soniquete loco, «les voy a matar, conseguiré una pipa y les lleno de plomo, yo les mato». Y entonces su cara se retorció en una convulsión de miedo, sí, miedo, miedo mi Alí, miedo mi dueño, miedo babeante, indigno miedo. Fue en ese momento cuando comprendí claramente mi misión, cuando supe cuál era mi deber. Sobre la mesa de laca estaban los puñales del espectáculo, extendidos en meticulosa formación, y me fue fácil coger uno. Alí seguía mascullando ebrias amenazas, mordiendo el aire con apestado aliento de bodega. Me acerqué a él y el mango del cuchillo estaba helado en la fiebre de mi mano. Alí me miró, perplejo, como descubriéndome por primera vez. Bajó sus ojos erráticos al puñal, boqueó un par de veces. Y entonces, oh tristeza, sus labios temblaron de pavor, empalideció dolorosamente y su cara se deshizo en una mueca de abyecta sumisión, «qué haces», tartamudeó, «qué haces, Chepa, deja ese puñal, Chepa, por favor, qué quieres? ¿Dinero? Te daré mucho dinero, Chepa, te voy a hacer rico, Chepa, deja eso, Dios mío», había ido retrocediendo y estaba ya arrinconado contra el muro, gimiente, implorando mi perdón, sin comprenderme. Extendí el brazo y le hundí el acero en la barriga, a la altura de mis ojos y su ombligo, el cuchillo chirrió y Alí aulló con agudo lamento, y luego los dos nos quedamos mirando, sorprendidos. Retiré el arma y observé con estupor cómo la aguda punta emergía lentamente de su mango: en mi zozobra había cogido uno de los machetes trucados del espectáculo, uno que hundía la hoja en la cacha a la más mínima presión. Alí se echó a reír con carcajadas histéricas, «ay, Chepa, creí que querías matarme, era un broma, Chepa, una broma», había caído al suelo de rodillas y reía y lloraba a la vez. No perdí tiempo, pese a hallarme ofuscado y febril; retrocedí hasta la mesa, escogí la daga sarracena de feroz y real filo y corrí hacia él, ciego de lágrimas, vergüenza y amargura. La primera cuchillada le hirió aún de hinojos, se la di en el cuello, oblicua, tal como tenía medio inclinada la cabeza en sus náuseas de terror y de embriaguez. Alí gimió bajito y levantó la cara, la segunda cuchillada fue en el pecho, no gritaba, no decía nada, no se movía, se limitaba a mirarme estático, lívido, entregado, estando como estaba de rodillas le podía alcanzar mejor y en cinco o seis tajos conseguí acabarle, y cuando ya asomaba la muerte por sus ojos me pareció rescatar, allá a lo lejos, la imagen dorada y adorada de mi perdido Alí, y creía percibir, en su murmullo ensangrentado, la dignididad de la frase de César: «quoque tu, filio meo».

Quedé un momento tambaleante sobre su cuerpo, jadeando del esfuerzo, el puñal en la mano y todo yo cubierto de su pobre sangre. Escuché entonces un grito de trémolo en falsete y al volverme descubrí a Pepín, «asesino, asesino», chirriaba atragantado, «socorro, socorro, policía». No sé por qué me acerqué a él con la navaja. Quizá porque Pepín había sido un innoble testigo de la degradación última de Alí, o quizá porque pensé que él merecía menos la vida que mi dueño. Pepín me miraba con la cara descompuesta en un retorcido hipo de terror, «por Dios», farfullaba, «por Dios, señor Chepa, por la Santísima Trinidad, por el Espíritu Santo...», decía santiguándose temblorosamente, «por la Inmaculada Concepción de la Virgen María», añadía entre pucheros, «no haga una locura, señor Chepa», era la primera vez que alguien me llamaba señor a lo largo de toda mi existencia, «no haga una locura, señor Chepa, por todos los Apóstoles y Santos», apreté suavemente la punta del cuchillo contra su desmesurada y fofa barriga, «hiiiiiii», pitaba el cuitado con agudo resoplido, las grasas de su vientre cedían bajo la presión del puñal sin hacer herida, como un globo no del todo hinchado que se hunde sin estallar bajo tu dedo, «Mater Gloriosa, Mater Amantísima, Mater Admirábilis...», balbuceaba Pepín con los ojos en blanco; en el cenit de su bamboleante vientre se formó un lunar de sangre en torno a la punta de la daga eran sólo unas gotas tiñendo la camisa, el rezumar de un pequeño rasguño. Entonces me invadió una lasitud última y comprendí que todo había acabado, que mi vida no tenía ya razón de ser. Retiré el cuchillo y Pepín se derrumbó sobre el escenario con vahído de doncella. Alguien me arrebató el arma, creo que fue Ted, y lo demás ustedes ya lo saben.

Poco más me resta de añadir. Insistiré tan sólo en mi orgullo por la acción que he cometido. Mi abogado, un bienintencionado mentecato, quiso basar la causa en el alegato de defensa propia, pero yo me negué a admitir tal ignominia, que desvirtuaba la grandeza de mi gesto. Nadie supo comprenderme. Pepín clamó con obesa histeria que yo había querido asesinarle y que siempre pensó que yo era algo anormal. Asunción habló con ruín malevolencia sobre la supuesta crueldad de Alí, y en su sandez llegó a sostener con mi abogado que yo había actuado en mi defensa e incluso en la de ella: nunca la desprecié tanto como entonces. Todo el juicio fue un ensañamiento sobre el recuerdo de mi amado, una tergiversación de valores, una lamentable corruptela. Una vez más, hube de encargarme yo de poner las cosas en su sitio, y en mi intervención final desmentí a los leguleyos, hablé de mi amor y de mi orgullo y compuse, en suma, un discurso ejemplar que desafió en pureza retórica a las más brillantes alocuciones de Pericles, aunque luego fuera ferozmente distorsianado por la prensa y se me adjudicaron por él crueles calificativos de demencia. No importa. Me he resignado, como dije al principio, a saberme incomprendido. Me he resignado a saberme fuera de mi tiempo. Al acabar esta narración termino también con mi función en esta vida. Hora es ya de poner fin a tanta incongruencia.

Cuando ustedes lean esto yo ya me habré liberado de la cerrazón obtusa de esta sociedad. Mi descreimiento religioso me facilita el comprender que el suicidio puede ser un acto honroso y no un pecado. Con el adelanto que me ha dado la revista por estas memorias he conseguido que un maleante de la cárcel me facilite el medio para bien morir: en este mundo actual del que ustedes se sienten tan ridículamente satisfechos se consigue todo con dinero. El truhán que me ha vendido el veneno se empecinó al principio en proporcionarme una sobredosis de heroína: «es lo más cómodo de encontrar», dijo, «y además se trata de una muerte fácil». Pero yo no quería fallecer en el desohonor de un alcaloide sintético, hijo de la podredumbre de este siglo. Así es que, tras mucho porfiar, logré que me trajera algo de arsénico, medio gramo, suficiente para acabar con un hombre normal, más aún con mi discreta carnadura de varón menguado. Sé bien que el arsénico conlleva una agonía dolorosa, pero cuando menos es un veneno de abolengo, una ponzoña con linaje y siglos de muerte a sus espaldas. Ya que no poseo la gloriosa y socrática cicuta, al menos el arsénico dará a mi fin un aroma honroso y esforzado. Y cuando una posteridad más justa rescate mi recuerdo, podrán decir que Paulus Turris Pumilio supo escoger, al menos, una muerte de dolor y de grandeza.

Quince de agosto

Beatriz de Moura

Nace en Río de Janeiro el 5 de mayo de 1939. En Ginebra, estudia en la Escuela de Intérpretes, con la intención de ser traductora simultánea en organizaciones internacionales, y Filosofía y Letras. No termina ninguna de las dos carreras. Trabaja, en Barcelona, en varias editoriales desde 1962 hasta 1969, año en que funda una pequeña editorial, Tusquets Editores. Autora de dos libros: uno, a los diociocho años ,en francés, *Au seuil de la vie,* y otro, publicado en 1975 por Editorial Lumen, *Suma.*

Ya no alcanzo a recordar en qué momento y por qué razón decidí repentinamente abandonar mi trabajo, mi apartamento abarrotado de libros, mi amante y mis amigos para refugiarme en esta cueva enriscada en los acantilados de la costa norte de la Isla.

Tengo probablemente ochenta años y, desde hace muchos, no he asistido a otro espectáculo que al de la versátil inmensidad del mar. He sido feliz, creo. Nada, en mi vida anterior, dejaba sospechar un cambio tan brusco y radical. Jamás fui —ni soy— de esas personas embobadas por los sanos y liberadores efectos de la Naturaleza. De hecho, cuando vine a la Isla, me sentía aún a gusto en el escenario proteico de las metrópolis, donde la aglomeración estimula la elección de afinidades y permite el lujo del anonimato. Poco me importaban las advertencias ecologistas que me remitían a turbias imágenes infantiles de amenazadores santones callejeros que predecían el fin del mundo. Pero el caso es que, un día, tomé la decisión de desaparecer. Nadie hace falta en el mundo, y, en aquellas lejanas fechas, en que no había individuo cuerdo que aún creyera en verdades absolutas que no fueran las que cada uno encierra en sí mismo, estaba convencida de que, al irme, me llevaría el mundo conmigo.

Sabía que iría a la Isla. La había visitado apenas unas horas durante un inolvidable crucero por el Mediterráneo. Cuando desembarqué en ella para siempre, estuve explorando durante varios días mi lugar de elección. Siguiendo un estrecho sendero, di una tarde con esta amplia cueva que se abre como una concha al mar. Dediqué el primer mes a gastar parte de mi dinero en acomodarla con el mayor confort posible, convirtiéndola en un lujoso salón, evocador de aquellos en que Sarah Bernard se dejaga fotografiar lánguidamente recostada en inmensos y mórbidos lechos, poblados de cojines de plumas forrados de exóticos brocados. Revestí suelo y paredes de alfombras y tapices, y colgué del techo largos lienzos de seda hindúes. Instalé un enorme y pesado escritorio, vestigio sin duda de algún noble salón colonial de Bangkok, al que me siento a escribir frente al mar. Cinco grandes quinqués ingleses con pantallas de porcelana y siete candelabros de plata boliviana me iluminan por la noche. Los enciendo uno tras otro, al atardecer, según un estricto ritual. Vaporosas cortinas multicolores caen hasta el suelo del ancho arco que conforma la entrada de la cueva. Con los años, compré un órgano y, por las noches, toco mis piezas favoritas, Bach en particular. Pocos fueron los libros que conservé de mi antigua biblioteca y menos aún los que, más tarde, deseé adquirir, por lo que decidí tenerlos en desorden, siempre al alcance de la mano, desperdigados encima de la gran mesa de jacarandá y de las mesitas japonesas, o simplemente apilados junto a la cama y a los sofás.

Adquirí en seguida un burro con el que iba, cuando era necesario, a buscar agua al pozo y provisiones al pueblo más cercano. Durante meses, me tuvieron por una extranjera chiflada, pero, con el tiempo, se acostumbraron a mis apariciones y visitas y dejaron de chismear a mi paso, o acribillarme a preguntas vanas. Hasta compartí, con cierta regularidad, animadas cenas, regadas de un exquisito Chianti, con Julián, el panadero, un viejo gruñón y solitario. Nadie podría definir la frágil afinidad que nos condujo, a Julián y a mí, a convertirnos, no diría en amigos, pues esta relación nos habría parecido excesiva, sino más bien en complacidos interlocutores. Comprendimos muy pronto, y tácitamente acordamos, que aun cuando, al principio sobre todo, sintiéramos deseo, o necesidad, de comunicarnos, había que comedir nuestros encuentros. Julián, quien, en otros tiempos, había sido autor de libros que pocos quisieron leer, conocía bien, tanto por viejo como por sabio, los vericuetos de las relaciones humanas y aprehendía a la perfección los peligros de la costumbre y del tedio que la acompaña. Tan sólo una vez, al despedirse una noche, Julián, olvidando toda cautela, rozó con sus labios agrietados la punta de mis dedos, repentinamente temblorosos.

A veces, al atarder, cuando el mar adquiere esa tonalidad cardenalicia y amaina la brisa como si el Cielo retuviera la respiración, descorría las cortinas y me sentaba frente al vacío. Entonces, me esforzaba por recordar con cierta precisión qué me había impulsado a venir aquí. Muchas podrían haber sido las razones, que vagamente recuerdo. No obstante, por mucho que sondeara en aquel ya neblinoso pasado, la única situación que acudía con insistencia a mi memoria, y que quizá justificara aquel éxodo mío, era la imagen de Pedro dormido a mi lado. Creo que, aquella noche, me percaté de pronto de que su piel se había marchitado, de que su rostro se fruncía en sinuosas arrugas y de que esas manchas marrones, indefinidas, se apoderaban ya de sus manos. No pude, súbitamente, soportar la idea de volver a hacer el amor con él. Era como joder con mi muerte. Me levanté horrorizada y me miré al espejo. Pese a mi casi medio siglo, mi imagen reflejada aún me sonreía: había engordado, es cierto, pero mi rostro seguía firme; en cambio, mi frente, que intentaba ocultar sabiamente tras una suerte de flequillo, revelaba no sólo mi edad, sino también una vida inestable. Y, ante mi cuerpo desnudo, pensé: «Jamás podrás volver a abrazar hombre alguno». Los que te corresponden por edad son premonición de decrepitud, y los más jóvenes ignorarán tu cuerpo mustio.» Me dejé caer y lloré. Es posible que, al día siguiente, iniciara discretamente las gestiones necesarias para desaparecer de una vez por todas. Hoy, pienso que fue una medida extrema, pues siempre quedan opciones conciliadoras, como requerir sin más remilgos los servicios de hermosos jovencitos, o rodearme de efebos que habrían alegrado la vista de la vieja verde en la que bien habría podido convertirme. Pero intuía ya que me habría resultado insoportable la compañía de esos jóvenes mancebos, quienes, pese a su gratificante tersura, suelen ser sumamente aburridos. También es cierto que mirar sin tocar, sin sentir, aún más en plena madurez, amarga la vida y que el suicidio, sin la suficiente dosis de desesperanza, es un esfuerzo vano y, sobre todo, poco original, porque, en realidad, la muerte es la única experiencia previsible de nuestra existencia. La vida, por el contrario, es azarosa, impensada, y, aun cuando uno no se mueva, no haga absolutamente nada, no participe, todo alrededor cambia sin cesar, a veces de un modo repentino e insospechado.

Como insospechada es también la repentina invasión de la Isla.

Desde hace unos meses, este rincón paradisíaco de la tierra, donde jamás hace frío y la tierra es fértil, olvidado pese a todo por el turismo de aquellos tiempos en que la gente todavía se desplazaba en tropel hacia las orillas del mar, este rincón desconocido, decía, es asaltado por centenares de naves abarrotadas de hombres, mujeres y niños. No di, al principio, mayor importancia al asunto, pues atribuí la llegada de aquellos, por entonces, pocos barcos, al hecho de que, tal vez, se había puesto otra vez de moda el viajar a lugares poco visitados. Pero cuando, una mañana, al desperezarme frente al sol naciente, vislumbré a lo lejos una auténtica flotilla de embarcaciones de todo tipo, presentí el Fin.

A media tarde, monté el burro y fui al pueblo, donde reinaba el desorden y el desvarío. Detuve el burro ante la panadería. Estaba vacía; no sólo no estaba allí Julián, quien, a esas horas, solía servir «el pan de la eterna juventud», sino que no había ni un miserable panecillo en las estanterías, y lo que realmente me alarmó fue comprobar que el horno estaba apagado. Subí la cuesta hacia la iglesia, buscando a Julián por entre aquella multitud de seres extraños. El farmacéutico, sentado ante la puerta de su botica, también vacía, me dijo con gran desánimo, como drogado:

—¿Julián? En «La gaviota». No ha parado de beber desde hace dos días, y va a reventar.

En «La gaviota», pese a estar el local repleto de gente, se oían volar las moscas.Cuando entré, como si no hubiera otra diversión, todas las miradas se volvieron hacia mí, alguna hasta con cierta esperanza de que yo fuera portadora de cualquier noticia ansiada. La mayoría bebía agua en vasos de cerveza. Tan sólo unos pocos, todos habitantes de la Isla, con la mirada vidriosa, habían perdido el mundo de vista y parecían decididos a acabar con la bodega del tabernero. Julián, recostado contra la pared del fondo, la boina caída sobre el ojo izquierdo, el bastón entre las piernas y las manos apoyadas en el puño, soltó al verme una carcajada que sacudió a todo aquel indefinible gentío. Cuando me acerqué, me dijo entre hipos:

—¡Enhorabuena, querida amiga! Le diré una cosa... confidencialmente... Esto se acaba, no lo dude ni un segundo... Esto se acaba. Emborráchese conmigo... o se convertirá en uno de ésos... —y levantó el bastón señalando al silencioso público—. Peor que la marabunta... que la peste... Se lo comen todo, y nos comerían a nosotros también si aún no les quedaran viejos resabios. Por suerte... no consumen alcohol. ¡Ja! No les interesa... Sólo quieren comida y agua... ¡Agua! Al parecer, allá de donde vienen, ya no hay vida... Estos son los últimos...

Ande, beba y olvide que pronto estaremos igual, si antes... gracias a eso... —e indicó su vaso con el mentón— no pasamos a mejores.

—Sí, necesito algo fuerte...

—¡Muy bien! Así me gusta —y, dirigiéndose al tabernero, le gritó—: ¡Juan, algo fuerte para la señora!

—Julián, dígame, ¿he entendido bien? ¿Quiere decir que ya no queda nadie vivo en el planeta sino los que estamos en la Isla?

—Oh, quizás queda algún otro lugar poblado... Nueva Zelanda, tal vez... ¿Quién sabe?

Julián quedó de pronto extático, probablemente ante la visión brumosa de algún paraíso perdido, y, como para sí mismo, añadió:

—¡Siempre quise ir allí!

Miraba a Julián procurando recordar cuándo y dónde había leído, u oído, algo que pronosticaba, de cierto modo, la espantosa hecatombe que protagonizábamos. Juan me sirvió un vasito de grappa, que sorbí de un trago, y volvió a llenarme otro. En aquel instante, irrumpió en la taberna don Jacinto, el médico, hombre cuarentón, gordo y sudoroso, por lo general extremamente cortés y afable, pero, en aquella ocasión, alborotado, casi violento:

—¡Rápido, Juan, dos botellas de coñac, si quedan! Es para anestesiar a un moro con gangrena. Habrá que amputar... ¡Diablos! Nunca se me había ocurrido pensar que mi oficio de salvar vidas pasaría a ser un día el más grotesco... ¡Tiene gracia! —y se secaba el sudor de la frente con un gran pañuelo gris.

Dejé a mi amigo Julián con sus delirios etílicos y me acerqué, empujando y dando codazos, a don Jacinto:

—Por favor, dígame, ¿qué ocurre exactamente?

—¿Es que no se ha enterado? ¡En qué mundo vive usted, señora! Siguen llegando... Son miles. Ya no hay bastante para todos. ¡Ojalá nos hundiéramos y nos tragaran las aguas de una vez! Los hay de todos los colores, señora. ¡Algunos han llegado aquí desde Asia! ¿Cómo? Y yo qué sé! El caso es que aquí están. Hay que ver en qué estado: deshidratados, desnutridos, andrajosos, sucios, y traen consigo todo tipo de enfermedades. Es una pesadilla, señora. Lo ocupan todo: campos, casas, rocas, playas, cuevas...

«¡Cuevas!», pensé, y salí asustada e inquieta de la taberna. Ni saludé a Julián, quien, trasladándose sin duda, a la velocidad del inconsciente, de Nueva Zelanda al Caribe, canturreaba una antigua habanera. Nadie le había oído cantar nunca, y don Jacinto enarcó las cejas, se alzó de hombros e inclinó ligeramente a un lado la cabeza a modo de comentario desalentador. De hecho, Julián ya se había embarcado hacia un viaje sin retorno.

Volver a bajar la calle hasta la panadería fue, eso sí, como decía don Jacinto, una pesadilla. Toda aquella masa de gente desorbitada subía en procesión, en el aire maloliente, mirando hacia la iglesia como si en ella pudiera encontrar la última salvación. Cuando llegué, exhausta, ante la panadería, el burro había desaparecido. De pronto, sentí en los hombros y en las piernas toda la carga de mi vejez. En ciertos momentos de euforia, en la plácida soledad de mi cueva, teniendo por únicos testigos el sol, el aire y el mar, había llegado a creerme inmortal. Pero, allí, me quedé paralizada, los brazos caídos, zarandeada por todos lados, contemplando mis pies inmóviles. Convertida en estatua, debí estorbar el lento, pero ininterrumpido, desfile de espectros. Recordé repentinamente aquellos atascos de coches en la ciudad, en los que, cuando no tenía prisa, solía disfrutar de aquella insolente soledad que me permitía a veces creerme reina entre borregos. Innegablemente, había perdido toda facultad de arrogancia. Esa fauna ávida y trastocada me aterraba. «Debo hacer algo, como sea», pensé. Y, al formular el pensamiento, mis pies emprendieron lentamente su movimiento habitual, primero con torpeza, después con mayor agilidad, a medida que la visión de mi cueva, ocupada por aquella jauría, iba apoderándose de mí.

No había nadie, todavía. Las cortinas de seda se estremecían bajo el suave roce de la brisa, tamizando los últimos rayos de sol. Limpié y ordené cuidadosamente mi ya raído salón, sacudí alfombras, tapices y cojines, y me senté al escritorio, frente al mar. De una gran caja de madera labrada, saqué viejos recortes de periódico, amarillentos ya. Busqué atentamente aquel que, de cierto modo, pronosticaba, hace unos cuarenta años, lo que hoy, con toda probabilidad, estaba ocurriendo.

Informe global, año 2000

AFP, 26 de julio de 1980

Este informe ha sido realizado, a petición del presidente Carter, por el Departamento de Estado Norteamericano y el Consejo para la Calidad del Medio Ambiente, con la colaboración de once agencias gubernamentales, entre las que destacan el Departamento de Energía, la Agencia para el Desarrollo Internacional y los servicios secretos (CIA). Se trata del primer intento del Gobierno norteamericano de efectuar previsiones cuantitativas sobre la población, los recursos y el medio ambiente a nivel mundial.

(...) Para centenares de millones de personas desperadamente pobres, las perspectivas en materia de alimentación y de productos de primera calidad no serán mucho mejores. Para muchos serán incluso peores.

(...) La población mundial aumentará de 4.000 millones de habitantes en 1975 a 6.350 millones en el año 2000. Es decir, un aumento de más del 50 por 100. Este incremento afectará principalmente en un 92 por 100 a los países del Tercer Mundo. De los 6.350 millones de habitantes de la Tierra, 5.000 vivirán en los países en vías de desarrollo. La emigración de las poblaciones rurales hacia las ciudades originará una densidad demográfica casi impensable .En el año 2000, México-ciudad contará con más de 30 millones de habitantes, Calcutta tendrá casi 20 y Yacarta y Seúl entre 15 y 20.

La diferencia entre el producto nacional bruto por habitante entre los países industrializados y los países del Tercer Mundo aumentará. En 1975, esta diferencia era de unos 4.000 dólares. En el año 2000 será de 7.900. Los recursos del petróleo por habitante van a disminuir en un 50 por 100 en los próximo veinte años; las reservas de agua, en un 35 por 100; las reservas de madera, en un 47 por 100. Además, entre el 15 y el 20 por 100 de las especies animales y vegetales desaparecerán de aquí al año 2000. Entre 1975 y el año 2000 los precios alimenticios aumentarán en un 95 por 100, y los precios de los productos energéticos, en un 150 por 100.

Yo, quien había perdido la noción del tiempo estructurado en horas, días, meses y años, caí de pronto en la cuenta de que, si la previsión examinaba la situación hasta el año 2000, no era de extrañar que, en el 2019, las cosas allende aquel mar, que lamía los pies del acantilado, no habían hecho sino empeorar. Imaginé la lenta e irreparable invasión de las grandes ciudades de Latinoamérica, Africa y Asia, el repentino trasvase de estas poblaciones indigentes a Norteamérica y la URSS y, de allí, a la vieja Europa, y en particular, ahora, a las orillas de esta apacible y receptora cuna mediterránea. Y, naturalmente, a la Isla, ese punto casi invisible en el mapa, donde la tierra volcánica había sido siempre generosa. Pero, ¿por cuánto tiempo podría la Isla abastecer aún a todos esos andrajos humanos que provenían de quién sabe dónde? *¿Y cuánto tiempo me quedaba a mí?* Sin el burro, ya no podría acarrear el agua ni las provisiones, si las hubiera, claro. Y, sin duda, a mi viejo burro —y seguramente a todos los demás— ya se lo habrían comido. Volví a colocar el recorte en la gran caja y contemplé el mar ligeramente erizado, como irritándose .Decidí permanecer en la cueva hasta agotar todas mis posibilidades de supervivencia, y morir sola, levitando en esa especie de euforia que produce el ayuno, mirando el horizonte que había dejado de ser inspirador de ensueños para convertirse en simple referencia en el infinito, pues, más allá, todo había dejado de existir.

Empecé a contar los días, como los náufragos. Sin embargo, la tranquilidad absoluta que me inspiraba la cueva y la serenidad ilimitada de los atardeceres del verano, insólitamente caluroso, me comunicaron poco a poco la sensación de que me había propuesto morir, simplemente porque así lo había dispuesto yo. Pero, al amanecer del décimo día, me despertó de pronto algo así como un zumbido, o un siseo, y vi moverse, cual sombras chinescas detrás de las ondeantes cortinas, amenazantes figuras. «Ahí vienen», susurré para mí. Me levanté con dificultad, pues los movimientos de mi cuerpo, oxidado por el tiempo y la penuria de los últimos días, se hacían siempre más lentos y tortuosos. Descorrí muy despacio las cortinas de par en par, y, ante mi asombro, aparecieron centenares, quizá miles, de personas demacradas, haraposas, con la mirada hueca, que bajaban por el sendero en busca, tal vez, de un último cobijo. Ya no cabían en la Isla, y llegaban al fin del mundo.

—Pasen —les dije, con esa insospechada calma que invade a quien dispone por fin de su destino—, esta cueva es ahora vuestra. Poco encontraréis, pero moriréis en almohadones de seda.

En un fantasmal silencio, desfilaron ante mí y ocuparon con suma lentitud todo el interior de la cueva. Los que no cupieron, permanecieron allí, en el sendero, extáticos, a la resignada espera del cataclismo final. Cuando vi a aquella multitud atónita, mirándome alelada, le di las espaldas, le envié un último saludo con la mano y me lancé al vacío, a ese mar tan querido que me había aguardado inexorabemente...

... ...

Paula despertó bruscamente a la luz mortecina del amanecer. Su primer pensamiento fue para aquella visión, aún muy nítida, de su propio rostro surcado de arrugas, aunque radiante de felicidad. ¿Cómo puede una soñar con la propia vejez y la propia muerte atribuyéndoles esa vivencia de plenitud, casi de júbilo? Por muy mal que le fueran las cosas en aquel solitario y triste verano, no comprendía esa proyección dichosa de la decreptitud y la muerte; más aún, la indignaba. Le enfurecía el haber gozado de la caída, de *aquella* caída. «Nada justificaba desear la muerte», pensó Paula, olvidando que cuanto más categóricas solían ser sus afirmaciones, más sujetas a contradicciones se encontraban siempre. Y, ya más calmada, antes de volver a cerrar los ojos, se preguntó: «¿No será el deseo de muerte un devaneo de la soledad?»

Cuando despertó por segunda vez, eran las tres de la tarde. Deleitándose en el recuerdo de que podía desperezarse en la cama hasta la hora que le viniera en gana, se levantó para prepararse un copioso desayuno. Mientras calentaba el café, tostaba el pan y hervía el huevo, se asomó al balcón. El sol parecía más cercano a la tierra. «Quince de agosto», suspiró Paula y volvió a la cama con la bandeja del desayuno y un montón de revistas. La refrescante penumbra de su cuarto le devolvió a una apacible somnolencia, hasta que la revista que intentaba leer se deslizó de entre sus dedos. Así quedó, dormida una vez más, negando la realidad de aquel día de luz cegadora. Más tarde, deambuló por la casa, empeñada en descifrar el jeroglífico del sueño de la vieja y de la Isla, por cuya atmósfera se sentía siempre más atraída. Inexplicablemente inquieta, al atardecer, procuró localizar en vano por teléfono a aquellos amigos que no habían desertado de la ciudad. Afligida, salió con la intención de pasear un poco para sacudirse aquella sensación confusa de sentirse poseída, tomar una copa en alguna cafetería con terraza y, sobre todo, rodearse de rostros desconocidos, pero *vivos*.

Algo en el aire mudo pesaba más de lo admisible, «Ese silencio», se dijo Paula. Sí, lo que convertía aquellas calles deshabitadas en una ciudad hueca era el silencio. Se sintió como una hormiga despistada en la inmensidad de un cuarto de baño. Algunas cafeterías tenían abiertas sus puertas, pero, en las terrazas, las sillas, en desorden, estaban vacías, y no había nadie detrás de la barra. Al ver con sorpresa el destello del anuncio luminoso de un cine, sintió la tentación infantil de pasar ante la taquilla sin pagar: en el interior, el aire acondicionado y todas las luces de la sala estaban encendidas; el hilo musical emitía una acaramelada melodía. Por antojo, se sentó en la butaca central de la platea y reflexionó acerca de lo que ocurría, o mejor dicho no ocurría —o había ocurrido ya—, a su alrededor. Nada, el día anterior, había dejado ni tan sólo vislumbrar la posibilidad de que tamaña deserción se produjera. Paula había cenado con unos amigos y regresado a casa tarde, pero serena. Tampoco ninguna noticia más alarmante que las acostumbradas había aparecido por el telex del periódico en que trabajaba. «¿Quién sabe si sigo soñando?», se preguntó Paula, conocedora de las trampas que suelen ingeniar los sueños. «Todo esto es absurdo. Aunque este verano no sea precisamente el mejor de mi vida, aún atino lo suficiente como para no llegar al delirio...», cavilaba Paula mientras abandonaba el cine. «Tendría gracia que saliera simplemente de una película», sonrió para sí.

Pero, afuera, el silencio la envolvió de nuevo. Repentinamente, por instinto, como atraída por una imagen, o una llamada, se encaminó Ramblas abajo hacia el puerto. Yates, «golondrinas», trasatlánticos, «canguros», cargueros, y hasta la «Santa María», esa torpe réplica de la verdadera, eternamente anclada al muelle más cercano, todos los barcos se habían esfumado en la noche. La cabina del teleférico, que cruza por los aires el puerto de Barcelona, se había detenido a medio camino y se balanceaba, movida por un soplo que parecía destinado sólo a ella. A los pies de la estatua de Colón, que señala aquellas tierras, hoy quizá devastadas y que fueron un sueño de abundancia, las tranochadas cámaras de los fotógrafos ambulantes parecían extraños insectos venidos de otro planeta; las grúas, en los muelles, dinosaurios petrificados en las sombras.

Perpleja, presa de esa irrealidad, Paula permanecía extática ante el mar, turbio aún, de aquel puerto fantasmal. De repente, le pareció oír un sonido reconocible, un zumbido, o un siseo:

—¡Pssst!

Giró sobre sus tacones a la velocidad de una peonza y no salió de aquella enajenación hasta que la rueda delantera de un coche blanco, aparcado con desaire encima de la acera, terminara de deshincharse y que la sombra incierta de un chiquillo tonto se escabullera por entre ociosos turistas y domingueros.

Paisajes y figuras

Lourdes Ortiz

Lourdes Ortiz nace en Madrid en 1943. Cursa estudios de Filosofía y Letras. Profesora de la Universidad a Distancia y de la Escuela de Arte Dramático. Ha colaborado sobre temas de sociología y literatura en distintas revistas. Ha publicado un ensayo sobre Rimbaud en Dopesa. También ha editado tres novelas: *Luz de la memoria,* en Akal; *Picadura mortal,* en Sedmay, y *En días como éstos,* en Akal. Asimismo una obra de teatro en Hiperión: *Las murallas de Jericó.*

Eran cuatro hermanos.

Y el primero dijo: Esconderé la luna en la palma de mi mano.

Y dijo el segundo: Míos son los cuatro lados del mundo. Iré hacia atrás y hacia adelante, hacia arriba y hacia abajo.

Y el otro dijo: ¿Quién como el león?

Y el cuarto no dijo nada; contempló a sus hermanos, bajó los ojos y siguió pintando.

I. *Carlos*

—Cuando termines, apaga la luz. Esta mañana, cuando llegó la mujer de la limpieza, seguía encendida.

Carlos no levantó la cabeza para decir que sí; murmuró un «hasta mañana» que el otro imaginó y volvió a mirar la hoja de papel.

Leyó tres veces lo que había escrito y la frase se hacía sonido: «Cuando todo se acaba, siempre queda...»

No era un mal slogan. Pero luego vendría Jorge con sus manías para decir que aquello era pesimista. No era el tipo de lemas que le gustaban a Jorge: nunca hay que dar por supuesto que todo se acaba; ni siquiera para invitar a beber. Y, sin embargo, a Carlos comenzaba a sugerirle imágenes: ¿Un tipo derrumbado en un sillón contemplando una pistola?... No, mejor lo más tradicional: el tipo con la pistola en la mano frente a un espejo... y de pronto una sonrisa picarona, saliendo de una nube, en plan tentador... un ángel pagano ofreciendo la botella de coñac Caravana.

Carlos movió la cabeza. Una mierda: tipo tirando la pistola por la ventana y saboreando una copa. A Jorge le parecería truculento.

En cualquier caso el slogan tenía que estar listo para el día siguiente. A las once y media sería la reunión con los de la firma y había que presentarles algo convincente. Estaba cansado. Llevaba tres días encerrado con aquella maldita campaña y había manchado hojas y hojas sin que se le ocurriera nada brillante. Un «creativo», había dicho Jorge, también tiene sus horas bajas, pero aquí no son rentables las horas bajas. Cuando todo se acaba... o tal vez: Nunca es tarde para... tomar una copa de coñac Caravana.

Para y cara formaban una molesta rima interna y quedaba ridículo. Pero a veces era ése el tipo de cosas que complacían a Jorge.

Nunca es tarde para
tomar una copa de coñac Caravana.

Resultaba pegadizo. Tenía música.

Carlos arrancó la hoja de papel y la arrojó a la papelera. Se levantó. Abrió la nevera y destapó una tónica. Mientras bebía, le bailaban las palabras: para-cara. Había quedado a las ocho y media y no quería llegar tarde. Marcela se lo había advertido:

—Es un tío muy especial. Se cree un genio o por lo menos espera que los demás lo crean. No tolera los plantones.

Carlos estaba seguro de que el otro no se habrían molestado en leer el libro. Pero Marcela aseguraba que estaba dispuesto a editarlo:

—No sabe nada de poesía, pero si le caes bien lo tienes todo hecho.

Claro que a lo mejor le pedía dinero y él no pensaba soltar un duro. Era humillante.

—Es razonable —había comentado Marcela—. Bastante hace él con ceder el nombre. Todo el que edita poesía sabe de antemano que un poeta inédito se les queda seguro en el almacén. Pero no creo que te pida más de la mitad de la edición. Tiene que cubrir gastos. Y, en cualquier caso, la mitad no será mucho, porque de un libro de poemas no tirarás más de quinientos ejemplares.

Carlos volvió a sentarse delante de la máquina. No quedaba bien que uno se pagara sus propios textos. ¿Qué podría costar?: ¿Treinta? ¿Cuarenta mil pesetas? La tercera parte de su sueldo. Aunque ese momento no era el mejor. Tenía que dar la primera entrega de la casa y dos millones, de golpe, eran mucho dinero. Además no era cuestión de dinero. Los poemas valen o no valen. Si están bien, que se arriesgue a editarlos. Editarse uno mismo daba mala suerte.

Para sus horas bajas... Eso ya estaba escrito. Lo de Monky. La verdad es que era una buena campaña. No hay horas bajas. Merde una vez más.

Se levantó, hurgó en el bolsillo de la americana y tomó un Eleuterodín. Energía vital.

No hay píldora que se compare a un buen trago de...

Quizá por ahí: individuo agobiado ante una mesa de oficina, teléfonos que suenan, legajos... individuo abriendo cajitas de pastillas y tragándolas de prisa hasta que aparece el angelito picarón con la copa.

«Necesito una.» Se levantó y volvió a la nevera.

Mientras se servía el güisky pensaba que Jorge cada día estaba más rácano. «Si queréis escocés, traeros la botella», había dicho, y Carlos recordó que tenía que hacerlo. Todo menos beber aquello.

Volvió a sentarse y pensó en Marcela. Resultaba insufrible pero era eficaz y, sobre todo, conocía a mucha gente. Cuando ella leyó los poemas puso cara de gato amable y Carlos supo que no había entendido. Pero le gustó oírla: «Eres bueno... creo que los poemas son muy buenos.»

Miró el reloj. Quizá debía haber cambiado el orden de los poemas. Al editor probablemente le hubiera gustado más el quinto. Aunque Carlos estaba seguro de que el primero era el mejor de todos. El primero y último, a pesar de que Marcela hubiera preferido el de Granada. No estaba mal, pero era mucho más convencional... o clásico. Quizá le gustó por eso. Clásico, pero con algunos juegos que ella no debió entender... por lo menos no lo había comentado .El ruido del agua en los canales de la huerta. No es fácil conseguir que el agua suene en el verso y él sabía que allí lo había conseguido. Claro que efectos como ése tampoco iba a captarlos el editor, a no ser que él mismo se los señalara.

Se levantó y volvió a llenar el vaso de güisky. «Y encima ella pretenderá llevárseme a la cama.» Y no había cuerpo que le dijera menos que el de Marcela.

Si no se le empina tome una copa de...

Son las líquidas las que suenan a río. Pero eso ni Marcela, ni el editor podrían valorarlo.

—Edita de todo un poco —había dicho ella—. Libros de cocina, de viajes, novelas. No es muy culto, pero tiene ojo. Acierta casi siempre. Si te edita, es un chollo, porque además se distribuye estupendamente... Ya puedes ser Cervantes que ¡si no te distribuyen bien...!

Carlos pensó que debería hacerla caso y mandar algún poema a una revista. Antes de que apareciese el libro. Y luego la crítica... había que cuidar la crítica. ¿Cómo se llamaba aquel que...? Un libro de poemas, un primer libro de poemas, necesita de la crítica.

Miró al reloj de nuevo. Las ocho y media. Era inútil seguir allí sentado, mirando el papel colocadito en el carro de la máquina. Cuando no sale, no sale. A lo mejor, mientras cenaba le venía la idea; pasaba a veces.

El coñac...

Marcela le había advertido:

—Pero no metas la pata. Tú siempre eres un poco especial. Me parece que él te conoce. Comenzó contigo la carrera; creo que él tampoco llegó a acabarla. Fue él quien me lo dijo: Era un buen poeta; prometía. Creo que por eso quiere cenar contigo.

Prometía. Recordaba de pronto un viejo poema, uno de los primeros. Pero ahora lo habría escrito de otro modo; ahora habría escrito algo así:

el gran culo blanco de la luna
me guiña su carcajada
desde la palma de mi mano.

Quedaba ocurrente: ponga un coñac Caravana en la palma de su mano.

Carlos se levantó, cubrió la máquina con la funda de plástico gris, apagó la luz para que al día siguiente la señora de la limpieza no volviera a quejarse, cerró la puerta, bajó las escaleras y salió a la calle.

II. *Tomás*

Antes de entrar se detuvo ante el escaparate y curioseó a través del cristal. «No está la dueña. Vuelva usted mañana.» O tal vez sí; tal vez aquélla era la dueña: el pelo demasiado sucio y largo, la ropa ajada, los collares de abalorios.

Cuando empujó la puerta sonaron las campanitas.

Ella se volvió y Tomás pudo captar la expectativa. Otra que se aburre como una ostra.

—Que los dioses te guarden —bromeó, mientras doblaba su cuerpo en cómica reverencia. Solía dar resultado; por lo general ellas reían y ganaban confianza. Luego se acercó a ella.

—¿Es tuyo esto?

—¿El qué?

—La tienda.

La otra dijo que sí, mientras le miraba: «la va la marcha», pensó Tomás, pero sabía muy bien que no debía propasarse en horas de trabajo.

—Me parece que cuando vine la otra vez, no eras tú la que estabas.

Tomás abría ahora el maletín de paja. La otra le miraba hacer, sin prestar demasiada atención.

—Tú compañera me compró bastante la otra vez. Hay muchas cosas nuevas. Acabo de regresar.

Por lo general no fallaba. En seguida ella se sentiría implicada; siempre había algún amigo que había hecho lo mismo: había visitado los mismos lugares, se había bañado o casi en los mismos ríos sagrados, había saboreado las mismas hierbas. Lo importante es que ella tomara confianza, que se sintiera cómoda y en plan «tú y yo somos lo mismo».

—Unos amigos —decía ella— también acaban de volver; pero están muy decepcionados: mucha miseria y mucha política.

Tomás se había sentado sobre un arcón de madera; ahora había que tomar posiciones, dejar que la otra se enrollara, liar un puerro si fuera preciso. ¡Si pudiera endosarle las alfombras! Miraba a su alrededor calculando, tasando con los ojos. No había mucho género, pero sí algunas cosas caras. Tampoco mucho gusto. Tendría que probar con las alfombras; quizá alguna lámpara.

—... creo que a un chaval francés tuvieron que repatriarle, al borde del agotamiento; muerto de hambre y cubierto de llagas. Es espantoso.

Lo patético desmoviliza, pensó Tomás. Había que recomponer el tema, enderezarlo: la aventura, el viaje.

—¿Sabes lo que dicen los budistas? Que el mundo tiene seis lados. Para adelante, para atrás, hacia arriba, hacia abajo, a derecha e izquierda. El que no haya cambiado de continente, en una época como la nuestra, no tiene perdón de Dios.

—Pero para viajar hay que tener dinero.

Ahora se le ponía en plan pobre y ahorrativo. Realmente, por el aspecto, nadie diría que podría pagar género como aquél. Aunque siempre las tenderas son cucas, cucas y regatonas.

—Cuando uno quiere se puede viajar con cuatro perras —insistía ahora—. Yo me pago el viaje con sólo vender cuatro cositas de las que traigo. Porque yo no me dejo enjaular fácilmente; en cuanto llevo dos semanas en el mismo sitio me entra claustrofobia.

Mientras hablaba desplegaba las mantas en el suelo.

—Estas no son muy caras y son magníficas —dejó caer, pero ella parecía absorbida con el tema y apenas hizo caso:

—Las he tenido parecidas. Sí. Yo también me siento como presa... pero hay que tener con quien viajar; no todo el mundo sirve para viajar... y yo no soy de esas personas que pueden viajar solas.

Tomás captó la debilidad, el tono dulce, la entrega. Ahora había que dejar promesas colgadas en el aire. Ella había dado el primer paso. Era el momento más delicado.

—Yo volveré a marcharme, en cuanto termine un asuntillo que tengo entre manos... si para entonces estás animada.

El rubor, la timidez, la necesaria retirada, el «no te vayas a creer», el «te estoy dando demasiada confianza» y era por tanto el momento de prestar atención a la mercancía.

—Realmente son bonitas.

—Bonitas es una palabra pobre. Son magníficas. Están realizadas a partir de modelos muy antiguos. Las tuve que ir a buscar a pueblecitos a los que prácticamente no va nadie. Ellos no saben lo que están haciendo; son auténticas obras de arte. Y para colmo son tiradas .

Cuando ella preguntó Tomás pareció no oírla; ella repitió la pregunta:

—¿Baratas? ¿Cuánto?

—Hombre, para ti sólo quince mil cada una. Prácticamente no gano nada. Pero yo sólo quiero pagarme el viaje de vuelta.

Ella miraba las alfombras, palpaba la lana; Tomás desplegó los collares sobre la mesa. Había que relajar la atmósfera, volver a la ventana.

—Una vez al sur de la India, casi en la frontera con Ceilán...

La transfiguración, el arrebato místico, el tantra.

—Si me quedo con varias, ¿me harías una rebaja?

Tomás le enseñaba las lámparas, mientras contaba sin hacer hincapié:

—Depende del número... no tengo muchos márgenes, pero...

—¿Si me quedo con cinco, por ejemplo?

—Te las dejo en doce mil; apenas gano nada, pero me quitas un peso de encima. La paradoja del viajero es hacer de mercader cuando llega a tierra ...Claro que si te quedas con todas te las pongo en once.

—¿Todas?

—Son sólo diez. Fíjate que con el precio que te hago, en diez alfombras pierdo cincuenta mil pesetas.

—Sí, pero diez... es mucho dinero.

—Tú puedes doblarlo; en cambio yo lo comido por servido.

Tomás recogía los collares. No había que insistir demasiado; no conviene pasarse. Ella se sumergía en cavilaciones y cálculos. Tomás supo que debía evitar que lo pensara mucho:

—La última vez fuimos cinco en una furgoneta. En cuanto abandonas las carreteras asfaltadas comienza la aventura. Lo verdaderamente divertido es el trayecto: los encuentros, los amores de un día...

—¿Dormíais todos en la furgoneta?

—Era bastante cómoda y estaba preparada.

—Quizá me anime —soñaba ella ahora— cuando vayas a salir, ven a avisarme.

—¿Entonces todas?

Ella asintió con la cabeza. Luego dijo:

—Tendré que pagarte con un cheque.

—No importa; a partir de ahora vamos a vernos mucho.

Mientras ella firmaba, él hablaba:

—Desconfía de los viajes artificiales; después de mucho probar he llegado a la conclusión de que nada alucina tanto como el propio Himalaya.

Ella reía, mientras doblaba las mantas. Tomás cerró el maletín de paja y se despidió con otra reverencia.

—¿Cómo era eso de las seis partes del mundo? —preguntó ella.

Y Tomás volvió a contárselo. Había sido una buena mañana. Hacía mucho que no se le daba tan bien. No hacía falta que pasara por el almacén a por más género hasta el día siguiente. Hacía sol, tenía la tarde libre y había conseguido una buena comisión en menos de una hora.

—Tienes que contarme despacio —decía ella al despedirse— lo del Nepal. Lo que tú dices no tiene nada que ver con lo que cuentan estos amigos.

—Volveré la semana que viene—, prometió él y salió de la tienda dejando a sus espaldas el sonido metálico de las campanillas.

III. *Luis*

Nada más entrar oyó al fondo la voz de Marta:

—Cenamos con Conchita y Marcos. Casi no te queda tiempo para cambiarte.

Pasó al salón y se dejó caer sobre el sofá. Había tenido un mal día. No sólo por el asunto del agua que se ponía feo, sino por todo lo demás. Y no le apetecía el cotilleo estúpido de Conchita y las risotadas vulgares de Marcos. Además quería hablar con Marta. Ella tal vez...

—¿Qué haces ahí sentado? Son ya las nueve y hemos quedado en llegar antes de las diez. Creo que también van los Calvo.

Fue ella la que se acercó a besarle y él sintió sus labios recién pintados, el beso distante de «¿cómo estás, vida?» que era tanto un reproche por la tardanza como un «me da lo mismo lo que contestes». Pero Luis no se detuvo a pensarlo; hacía tiempo que aquello había dejado de ser importante para los dos. A Marta no le había hecho demasida gracia lo de Cristina, pero sólo le había pedido que guardara las formas. Todo lo demás: los fines de semana en el campo, las noches en que no aparecía, los viajes no planificados eran admitidos por ella como gastos de representación y no hacía pregunta. Ella siempre le había estimulado, cuando algo podía repercutir en lo que pomposamente llamaba «su carrera»; pero tal vez lo de hoy no iba a entenderlo.

—¿Debemos ir realmente? No tengo muchas ganas.

—Sí. Debemos ir; sobre todo siendo la hora que es. Por otra parte sé que Marcos iba a contarte lo de la Inmobiliaria. Conchita me ha adelantado algo y es un bonito proyecto.

Seguro que lo era. Luis miró a Marta y admiró una vez más aquel sexto sentido, que la permitía oler la peseta de lejos. Nunca se equivocaba. Ni siquiera cuando casi le obligó a participar en la Promotora, negocio que a él siempre le pareció un desastre.

—Se ha pagado la multa. Y por ahora hemos logrado que la prensa no meta demasiado las narices —dijo, y ella supo de qué le estaba hablando.

—Hoy me ha comentado la chica que ha oído algo en el Super. Sería bueno que saliérais al paso, negando los rumores. Esas cosas corren como la pólvora.

—Pero es mejor no menearlo; si no sale nada, la gente acabará por olvidarse y tiene que seguir comprando el agua. Lo importante es que hemos conseguido que no se abra una investigación y que además nos permitan seguir embotellándola.

Le aburría el tema; no era aquello de lo que quería hablar con ella. El escándalo del agua apenas le afectaba: al fin y al cabo, la empresa era una sociedad anónima y su nombre ni había aparecido, ni iba a aparecer.

—Si no comienzas a moverte, llegaremos cuando estén sentados a la mesa.

Luis se levantó; una ducha. Era bueno tomar una ducha o mejor aún: darse un baño.

—Voy a bañarme.

Ella asintió; se dirigió al vestidor y le elegía un traje, mientras él dejó caer el agua caliente.

Fue ella la que preguntó. Era absurdo pensar que podía haberse olvidado. Luis agredeció su memoria.

—¿Y de lo otro? —había gritado ella y Luis, sin alzar demasiado la voz, que se mezcló con el sonido del agua, al golpear en la bañera, fingió despiste:

—¿Qué otro?

Ella entró en el baño. Llevaba en las manos unos calcetines marrones y una camisa de seda beige. A Luis le molestó que ella entrara así —hacía mucho tiempo que no lo hacía— y le viera con aquella incipiente tripita. Marta despreciaba el cuerpo, pero aborrecía sobre todo cualquier deformación en el cuerpo del otro. Pero ella no pareció fijarse.

—¿Qué hay de eso? —dijo— y él tardó en contestar:

—Hoy he hablado con él. Parece que la cosa puede marchar.

El agua estaba demasiado caliente y le hacía bien.

—¿Qué quiere decir que marcha?

—Pone condiciones.

—Es normal que las ponga.

Luis no contestó; se frotaba la espalda con la esponja de cuerda. Le parecía ver al otro, oía casi su voz ligeramente engolada, tras largos cursos de ortofonía, veía sus manitas regordetas ,sin pelo, sus uñas siempre increíblemente cortas.

Marta se había sentado en el bidé. «Me gustan los baños rosas. Todo rosa», había exigido cuando montaron la casa y ahora la veía ahí, fuera de lugar, como señora que ha irrumpido en un *meublé* y no pierde la compostura.

—El sabe que tiene que contar contigo.

Sí. El lo sabía. Cuando el período de elecciones se mantuvieron demasiado cerca uno del otro. Demasiados favores.... pero era él quien podía poner las condiciones.

—Quiere el cincuenta por ciento de todas las empresas, negocios y acciones que tenemos en este momento.

Lo dijo sin poner demasiado énfasis, y ni siquiera parecía indignado.

Marta, en cambio, tuvo un temblor.

—Está loco o ha querido tomarte el pelo.

Luis se enjabonaba la cabeza. Ni estaba loco, ni le había tomado el pelo. Simplemente cobraba muy caro. Quizá él, Luis, en su caso, hubiera hecho lo mismo.

—Supongo que tendré que decir que no —dijo, y el agua le bañaba la cabeza y le hizo cerrar los ojos.

—Desde luego. Eso es un robo a mano armada. Que se guarde su ministerio en el culo.

Luis sabía que cuando ella se ponía grosera es que se sentía acorralada. Y aquella rabia la hacía atractiva.

—No habrá otra oportunidad —dijo, y saltó fuera de la bañera, envolviéndose en la toalla que le tendía ella.

—¿Cómo que no habrá otra oportunidad? Claro que la habrá. El sabe que eres imprescindible para el partido. Si no entras en éste, será en el próximo. Será él quien se vea obligado a llamarte.

Luis sabía que no sería así. Se palpaba la barba y se detenía en las espinillas. Yo no soy imprescindible, se dijo. Nadie es imprescindible para él. El nos tiene cogidos. Lo había sabido el día en que le dio la concesión de los tractores. «Yo no quiero aparecer para nada, había dicho, todo estará a tu nombre», y ahora estaba atrapado. Tan atrapado como lo estaban todos los otros.

—Tendremos que pensarlo —dijo, mientras deslizaba la maquinilla por los pómulos.

Luis sabía que ella pensaba, calculaba.

—Te he elegido una camisa beige.

—Ultimamente la seda me da grima. Sácame una de algodón.

Ella se hundió en el armario y por un instante él no podía verla. Cuando estuvo ante él miró su cuerpo, enfundado en el traje morado de gasa. Sabía que esta vez tampoco tendría que pedírselo; que ella le entendería sin necesidad de hacer un solo gesto. Nunca comprendió, ni comprendería Luis la fascinación que aquel cuerpo demasiado seco ejercía sobre el otro. Quizá era sólo el placer que debía proporcionar el derecho de pernada.

—Tendré que llamarle yo —dijo ella, como si leyera en su cabeza—. Tendré que verle.

—Sí. Será mejor que le veas.

—Quizá se conforme con el treinta. Si se quedara reducido al treinta, sería una operación ventajosa. ¿No estás de acuerdo?

El ya no contestó. Terminó de vestirse y la siguió a ella. En el hall volvió a admirarla. Iba estirada y rígida en aquellas pieles grises.

—Cambia esa cara —dijo ella—. Pareces un cachorro asustado, un cachorrito de león con ese bigote ridículo que te has dejado. Estoy segura de que la cosa se arregla. Ya lo verás.

—Preferiría que hoy no volviéramos muy tarde.

Cuando se metió en el ascensor se dio cuenta de que se le había quitado el dolor de cabeza. Ahora podía oír a Marta que le contaba detalles del asunto de la Inmobiliaria.

—Ya sabes cómo es Marcos...

IV.

Y el cuarto no dijo nada.
Bajó los ojos y siguió pintando.

Madrid, noviembre 1980.

Poor Tired Tim

Rosa María Pereda

Rosa María Pereda nace en Santander en agosto de 1947. Licenciada en Letras por la Universidad de Deusto y periodista por la Escuela Oficial de Madrid. Desde 1972 se dedica a la crítica literaria en revistas especializadas, actividad que comparte con la enseñaza de Lengua Española y Literatura en los Institutos de San Isidro y Moratalaz. Abandona la enseñanza por el periodismo con la aparición de *El País,* en cuyas páginas culturales colabora desde entonces. Ha prologado el libro *Joven Poesía Española,* de Editorial Cátedra, y es autora de una monografía sobre Cabrera Infante.

«Usted habrá podido ver que empecé a escribirlas hace ya veinte años, en aquella hermosa casa de Nimrud, en Iraq. Entonces Iraq era casi un sueño, y usted, señorita, pensará que nuestra vida podía ser hasta tediosa y desde luego aburrida. La vida de unos arqueólogos, algo locos, y en cualquier caso apasionados por su trabajo...» Agatha, Aghata Christie, sorbe el té minuciosamente, desde sus manos largas. El rojo de la taza de cerámica hace juego con las telas del salón de este hotel, con las tapicerías de unos muebles discretamente *art decó,* con la quietud de su ropa verdosa y hasta del sombrero diría que indefectiblemente victoriano, que ha dejado posado en una esquina del sofá.

«Los jóvenes actualcs son demasiado ...Bueno, borre usted eso. No diga nada de esto. Es mejor que...» Los ojos de la Christie se mueven rápidamente por el *hall* del Savoy, y hay cierta confusión en sus palabras. Una agitación rara, una cierta luz nerviosa cuando se fijan en aquel chico del extremo. «Creo que me voy a tener que ir.»

Entonces empezó un forcejeo de palabras, ante mi evidente resistencia y desaliento. No podía hacerme eso. Mi periódico me había enviado a entrevistar a la que acababa de ser nombrada Dama del Imperio Británico. La cita había sido concertada para esta tarde, ella misma había elegido el día y la hora y el lugar. «No puede ser.» Aghata Christie, pasados los ochenta años y con una energía curtida y corpulenta, se pone de pie ágilmente y se encasqueta en segundos el sombrerito de alas cortas, lleno de cerezas. «A no ser que... ¿Por qué no me acompaña?» El muchacho del fondo y yo misma, como en un raro *ballet,* salimos detrás de la que no podía ser llamada una anciana sin caer en exageraciones imperdonables.

Más tarde pude fijarme en el pelirrojo. Ahora, sentado en el transportín del taxi que volvía por el Strand camino de Trafalgar, hacía crujir los huesos de sus manos con un aire verdaderamente circunspecto. Le calculé veinticinco años algo sombríos, quizá preocupados, seguro, porque la señora Christie, que me mandó callar tan pronto intenté seguir mi trabajo, le dio un par de sorprendentes palmaditas en la rodilla. El taxi siguió un viaje que parecía atravesar todo Londres y que duró dos cigarrillos fumados en solitario por mi persona. En solitario y en silencio, hasta que entramos en un barrio de villas y chalets, que podría ser Hampstead o cualquier otro del norte, y ella dijo: «Bueno. Ya llegamos. Y usted», a mí, «no pregunte nada y procure no estorbar».

Creo que no me di cuenta de que estaba en una historia hasta la mañana siguiente. Porque cuando llegamos al chalet, inmenso, entre sombras, ellos cerraron tras de sí las puertas correderas de lo que pude entrever como una biblioteca, y yo me quedé algo perpleja mirando lo que me aseguraba a mí misma que sería una copia de Hogarth, en una especie de recibidor indudablemente inglés, muy clase media acomodada, pasada por las colonias. No lo pensé por aquellos objetos que, junto a la escena satiricona y cargada de humor, colgaban de la pared, sino más bien por los cortinones excesivamente gruesos para la escasa luz de esta ciudad, y las alfombras paquistaníes o turcas, con el brillo evidente de la seda natural.

Dentro debe haber otras dos personas, o tal vez tres, si Aghata Christie no bebe, imaginé por el servicio de whisky que entró una camarera, después de servirme mi copa. Aunque de manera un poco inconsciente traté de oír la conversación que se me ocultaba, los libros y el entelado impedían el paso de cualquier voz. Me dio tiempo a tomar el *scotch* servido con una generosidad poco británica, y a ver con más minuciosidad de la deseada, la extraña chimenea barroca y nórdica, de cerámica parda, en la que la imaginación del artesano había puesto bajo el esmalte dos sátiros inquietantes. Extrañada aún por la naturalidad con que la uniformada muchacha había completado mi whisky con agua hasta casi los bordes del vaso, fui descubriendo en las figuras simétricas que debían escoltar un ahora inexistente fuego y cuya expresión estaba medio oculta por los frutales signos de la lascivia y la abundancia, la escasa diferencia que les hacía convertirse, pensé horrorizada, en dos opuestos. En dos crueles o inocentes enemigos indiferenciables. «Ahora —dijo Aghata saliendo inopinadamente sola de la habitación— vámonos a cenar. Nos lo merecemos.»

A las nueve en punto de la mañana, Aghata Miller de soltera, Aghata Christie para mí y para ustedes, Agatha Kallowan por su matrimonio segundo y aún feliz, conducía un enloquecido Morris negro, chato, chirriante, un vejestorio divertido. «Es mi primer y verdadero coche —dijo jovial, cuando me recogió en mi hotel—. No lo hay igual, como es irrepetible el placer de tener un trasto así para una sola. ¿A usted no le pasa?» Contesté vagamente pensando en el seiscientos aparcado en una calle de Madrid, y traté de volver al objeto de aquel viaje que, ahora lo sentía mientras veía flotar el *foulard* de florecitas de aquella mujer, iba siendo cada vez más otra cosa. Igual que la noche anterior. Agatha divagó un poco sobre la naturaleza humana, sobre las ligerísimas fronteras entre la conducta normal y lo que se podría llamar la criminal, sobre esas situaciones límites, a veces estúpidas, que pueden llevar a una persona al crimen. «Yo misma —dijo— he estado alguna vez cerca, sí, muy cerca.» Y la perplejidad, ese sentimiento que iba dominando este paseo extraño, se me convirtió en una especie de revelación cuando delante de nuestros cafés vieneses, del espléndido *strudel* de Louys, la confitería húngara de Hampstead Hight, me dijo: «¿Qué has pensado de Cat?»

«Creo que tenía miedo», respondí, deduciendo en primer lugar quién sería Cat, y agradeciéndole con una sonrisa el imperceptible tuteo, que capté en una inflexión nueva de su voz. «La lengua nos separa, señora Christie», dije. «Y ahora que lo pienso, habla poco Cat, y parece huraño.» «Está mudo», dijo Agatha.

Vi que los ojos de Agatha se lanzaban como halcones a la cortina apenas movida. A mí misma, que llegué a la sombra una décima de segundo después de ella, me dejó una indefinible sensación de espanto o amenaza. En cuanto a la novelista, que parecía estar completamente a sus anchas, le debió recorrer algo como un escalofrío, porque sin decir palabra sacudió su busto poderoso y se arrebujó el pañuelo liberty —única concesión a este otoño de todo su vestuario. Ahora, de día, era bien visible el palacete de tres plantas, el mirador de amplias cristaleras, la torre agaterada, los visillos de encaje, la escalinata de piedra, la campanilla a la antigua, y algo en el jardín, junto a la inefable cortadora de césped, amenazando un perro enorme que nunca llegué a ver. «Poco más abajo», me dijo, «en esta misma calle de Maresfield Gardens, vive Anna Freud. No es que comparta todo lo que su padre escribió, pero hay veces que me ha ayudado, ya lo creo». «Cuando yo le conocí, ya aquí en Londres, no podría tomarme en cuenta», rió, «ni yo misma hubiera podido»...

Frente a una chimenea de mármol, tapado con una manta de cuadros, Cat fingía leer. Hizo un gesto brusco, y casi al mismo tiempo, otro de la Christie le hizo quedarse quieto. Las hojas del *Times* rodaron sobre la alfombra china e hicieron tamblar la lamparilla de pie de bronce. Estaba más pálido que ayer, como enfermo, exageradamente abiertos los ojos celestes y desmesurados. Corregí la edad que le diera en cinco años menos, mientras oía la voz de Agatha que le tranquilizaba con una letanía en la que se repetía: «Todo está muy bien, se va a resolver todo, debes estar tranquilo, querido Cat, pequeño», una y otra vez. Las manos del mudo, convulsas, hacían sonar las falanges de todos los dedos en un gesto que debía ser costumbre, esta vez a un ritmo semejante al de los pasos que ya venían sonando en el parquet del zaguán.

Casi al tiempo que la muchacha entraba el servicio de té, un hombre flaco y arrugado, envuelto en un batín de cachemira, nos saludó casi sin voz. «Es mi secretaria española», mintió Agatha respondiendo a la pregunta únicamente visual de nuestro verdadero anfitrión. «Hoy he creido oportuno que esté presente en nuestra entrevista.» Pese a la inquietud que se vio en sus ojos, la segunda mirada que me dirigió el señor Robert Mc Connell *Senior,* fue, como reconocería después la propia Agatha, incómodamente lúbrica.

El médico había dicho que lo de Cat —Robert McConnell Jr.— no tenía mucho arreglo. El médico, y el propio Mr. McConnell, opinaban también que habría que acostumbrarse a la idea de que el pelirrojo no volvería a hablar después de aquel misterioso viaje y, contra lo que habían pensado incluso hasta ayer mismo, ni el médico ni Mr. McConnell esperaban ya nada de la investigación de que se había hecho cargo la más famosa escritora de novelas policiales del mundo. Incluso —y aquí Mr. McConnell hizo un expresivo gesto que quería ser definitivo— consideraban que ya la cosa había ido demasiado lejos, que todo esto estaba resultando demasiado para la débil mente del muchacho, y que, en suma, sin que supusiera ningún perjuicio económico para la escritora, la señora Christie debía abandonar todo lo que significara ahondar más en las penas y en los problemas del chico. Agatha Christie sonrió casi pícara y a modo de respuesta empezó a salmodiar débilmente la vieja canción infantil:

Poor Tired Tim. It's sad for him,
He lags the long Bright morning through,
Ever so tired of nothing to do;
He moons and mopes the livelong day,
Nothing to think about, nothing to say;
Up to bed with his candle to creep,
Too tired to yawn, too tired to sleep:
Poor tired Tim! It's sad for him!

Apenas soy capaz de ordenar lo que sucedió después y mientras Agatha, con voz cansadísima, recitaba. La butaca de Cat McConnell se empezó a mover espasmódicamente, en la cara del padre se dibujó una muda amenaza disuelta en algo que se parecía al pavor, y el corpachón de la detective estaba ya en la puerta, mientras en su rostro aparecía una mueca de satisfacción. «Estoy casi segura de saber qué la mató», me dijo mientras arrancaba el veterano Morris. «Vamos a dar un paseo», dijo.

En lo alto de la colina de Hampstead hay un pequeño lago artificial. Esta mañana, suavemente fría y escasa de sol, unos niños protegen sus barcos, dirigidos desde la orilla, de las patas chapuceantes de dos hermosos caballos que lo cruzan montados por dos uniformados hombres mayores. Caminando ahora, seguimos su misma ruta, un sendero embarrado que se interna en el parque natural que da nombre a la zona y que baja suavemente poblado de árboles y matojos. Acepto el *Simmons* que me ofrece la novelista, y la veo fumar, silenciosa y pensativa, por primera vez. «Si seguimos caminando», dice repentinamente, «llegaremos al palacio de Hampstead Teath, y te lo recomiendo, porque hay hermosos cuadros, Vermeer, Rembrandt... pero tendrá que ser otro día. También tienes por aquí la casa de Keats. Un territorio éste que parece más propicio a la contemplación que a la muerte. Y, sin embargo...» Se paró entonces y me señaló: «Ahí, colgando de aquel roble, apareció muerta Dorothea McConnell.»

Mientras Agatha Christie me hablaba, sentadas las dos en un banco del parque, volvía a mi memoria el óleo que presidía, desde la chimenea francesa, la biblioteca del caserón que habíamos abandonado poco antes. Una mujer de facciones frágiles y aspecto triste, lo que confería algo raro a su belleza indudable, sonreía hace veinte años toda carne pálida y muselina. «Dotty nunca fue una mujer de talento», decía ahora Agatha. «Hija de un viejo coronel pronto viudo, su salud minada por herencia no podía soportar el clima de las colonias, ni sus pulmones la humedad de las afueras de Londres, de donde, paradójicamente, no se movió nunca. Se crió pues, separada de su padre, y luego, cuando casó jovencísima con el hombre que has conocido hoy, siguió viviendo atada a la vieja casa de su madre, perdida en la infancia, al jardín que las deudas harían disminuir y, en fin, a este barrio que un día viera pasear a los hombres más importantes del pensamiento europeo, y que hoy se va convirtiendo cada vez más en residencia de comerciantes y financieros.»

«La gente», y Agatha hablaba sin contar con mi atenta atención, «la gente es realmente misteriosa. No puedo comprender qué empujó a Dorothea a casarse con este hombre que tiene nombre de buen tabaco, pero que, y le conozco hace treinta años, nunca tuvo nada de lo que el buen fumador de pipa busca en sus mezclas. Ni es dulce, ni es fuerte, ni fue nunca satisfactorio para ella... Lo único que pudo conducir a Dotty a un matrimonio que tenía que saber de antemano que sería otra forma de la soledad, es el parecido indudable entre Robert y su propio padre. El carácter, la profesión, las aficiones destinadas y ella hubiera debido intuirlo, a repetir en su vida sufrimientos que ya conociera en la de su madre». «Pero», concluyó, «la gente busca a veces su infelicidad a propio intento. Claro que no por eso merece morir. «Ahora vamos. Nos esperan en el Savoy.»

«Es increíble lo que está cambiando Londres. Hace pocos años era tan distinto... Se veía el dinero, no sé explicarte. La gente paseaba y presumía de ser británica, a la vuelta del imperio... Ahora» dice Agatha, parada en un extraño atasco de circulación, impaciente, «hay todos estos coches modernos, tan poco elegantes, y del imperio sólo quedan algunos títulos para la reina y algunas historias que contar por gentes como Robert McConnell, comidos la mayoría por el paludismo o cosas peores...» «Han vuelto y han vuelto mal», dice. «La verdaderas colonias deberían haber durado al menos hasta terminar esta generación de soldados inútiles.» Extrañada por su dureza, mi cara debe ser bastante expresiva, porque ella dice: «Estoy absolutamente segura de que si McConnell no hubiera vuelto, Dorothea estaría viva ahora. Y estoy segura también de que él tiene que ver con el shock que ha enmudecido a su hijo. Además», dijo, «esa actitud suya ha sido demasiado clara, si lo prefieres demasiado confirmadora. Ahora que lo pienso, es lo único que me falla. Por cierto, ¿qué sabes tú sobre gemelos?»

De Agatha Christie a estas alturas yo sabía que podía esperar cualquier pregunta, y sabía también que siempre que ella preguntaba algo es porque tiene la respuesta de antemano, y que no espera de una más que lo que llamaría después «la conducta Watson», o sea, esa actitud admirativa —que en mi caso estaba aumentando peligrosamente, más por el imán personal de esta mujer que por los datos del caso— dulcemente estúpida y finalmente aplaudidora que me había molestado siempre en el compañero seudoayudante de Sherlock Holmes. «Nada», dije. «Leí en mi adolescencia algunas novelas de Harry Stephen Keeler, que siempre trataban de niños idénticos. Porque es a eso a lo que usted se refiere, ¿no?» «Por cierto, ¿qué le parece la chimenea de cerámica que los McConnell tienen en el hall?» Agatha aceleró el Morris y sus carcajadas resonaron con un raro poder. «Caramba», me dijo. «Estás aprendiendo. Por cierto, ¿quién es ese *Killer* del que hablas?» «Ese es nuestro problema», le dije haciendo un juego de palabras que nunca me perdonaré.

Creo haber visto antes al personaje que nos esperaba en el Savoy tomando un jerez y sin duda hambriento. Nadie me dijo su nombre, pero tenía un aspecto de algún modo inconfudible. Vestido con un traje de viaje de *tweed*, el pantalón y la chaqueta diferenciados por el cuadro que dividía la última, llamaba la atención por su bigote estrambótico, afinado en largas guías, y esa conducta rara que sólo tienen los extranjeros residentes en Londres. Sólo alguien predispuesto como yo notaría un lejano acento afrancesado en sus erres, y esa cordialidad recelosa, evidentemente continental, en sus maneras. No era muy alto, tenía vivos ojos negros, y se puso en pie cuando la señora Christie y yo llegamos a su mesa.

«Nada especial querida», dijo a modo de saludo. «Al menos, nada que no supiéramos...» Alentado por el gesto de impaciencia, y algo confuso por el mío propio, siguió hablando. «He seguido los dos temas y concuerdan. La ola de suicidios relaciona las cuatro muertes con la vuelta de sendos oficiales ingleses, aunque sigue siendo raro que se vayan a dar precisamente este otoño. Hace entre tres y seis años que han regresado todos ellos... En cuanto a Timothy, es efectivamente sorprendente», dijo mientras pasaba unos papeles que mostraba a la mujer absolutamente fuera de mi vista. «Tendrás que darte una vuelta por Gloucester Road», dijo después. «Está bien», contestó Agatha. «Ahora», dirigiéndose a mí, «¿por qué no subes a tu habitación?

Nosotros tenemos que discutir un par de asuntos. Dentro de veinte minutos nos volveremos a encontrar aquí. Te llevaremos a comer al sitio más inglés de Londres». Con un gesto de desagrado que no pude evitar fui hasta la conserjería a buscar mi llave.

Me encontraron, histérica y amordazada, una hora más tarde, encerrada en mi habitación. Una larga cola de conserjes, presidida por el director del hotel y cerrada por aquel amigo de Agatha Christie, me acercaron frascos de sales para prevenir un desmayo que si no se había dado ya no se daría, y desataron las excesivas ligaduras que me inmovilizaban. Agatha estaba consternada. En los ojos del personajillo había, en cambio, una lucecita de ironía. Sin saber bien por qué, le eché la culpa de todos mis males, del susto terrible que había sufrido .«Agatha», rogué, «que se vayan todos. Que se vaya también el señor francés». «Deberías saber», dijo ella dulcemente, «que Hércules es belga». Pero todos salieron de la habitación, y pude contarle mi extraña experiencia. «Todo concuerda, todo concuerda», decía constantemente. «Estamos ante un caso tan sencillo que nos parece mentira...»

«Es posible, claro que es posible. Sin tener nada en común, salvo el padre, hay dos muchachos engendrados con una diferencia de horas que nacieron, idénticos, el mismo día 31 de octubre de 1951. Como trató de explicar él mismo, Cat, el hijo legítimo de Robert Mac Connell vivió pacíficamente con su madre en la hermosa casa de Marefield Gardens. «Un muchacho como todos», describía Agatha, «quizá un poco más tímido de lo habitual, que hizo sus estudios en la Universidad, y que sigue ahora un doctorado en biología genética».

«Hace escasamente tres años, Rober McConnell volvió a Londres. Hasta entonces, las espaciadas visitas paternas habían sido breves y festivas. Ahora, consumido por una enfermedad tropical y amargado por la desaparición de todo un mundo, venía a quedarse.»

«Efectivamente, como te dio a entender en la torpe visita que te hizo hace un rato, empezaron a pasar cosas raras. El pobre Cat empezó a oír extraños reproches de su madre, sentía la animadversión cada vez más aguda de su padre y comenzaba aquella pesadilla que él achacaba a sus propios estudios. Por fin, incluso despierto, insistía en ver una sombra de sí mismo moviéndose ágilmente entre sus amistades, en su habitación, en su propia casa.»

«Hace tres meses decidió tomarse unas vacaciones e irse al continente. Estuvo en París, en Roma, en Madrid, animado por su padre que puso a su disposición todo tipo de medios. Al fin estaba solo, sin la sombra que, ahora estaba seguro, era simple fruto del cansancio y la tensión... Sin avisar, movido por un desconocido resorte, decidió volver a casa antes de lo previsto. Cuando abrió la puerta, cuando entró en la biblioteca con los regalos recién comprados y sin avisar, se encontró... se encontró a sí mismo, a su viva imagen, gritando la sorpresa con su propia voz, envuelto en su manta de cuadros, cuidado y mimado por su madre Dorothea...»

«La escena», siguió explicando Agatha Christie, «debió ser impresionante para los tres, y muy dura para Robert McConnell. Algunos días después aparecía ahorcada la pobre Dotty y un par de semanas más tarde, Cat, o tal vez Tim, se presentó, mundo por el shock, en mi casa».

Sin pararnos a comer, desoyendo las protestas del belga, Agatha nos conducía en su coche hacia Kensington. En un semisótano de Gloucester Road, justo debajo de donde vivía, según me contó Agatha, el único escritor inglés de habla castellana, había que evitar contra el tiempo —y el atentado contra mí no tuvo otro objeto que hacérnoslo perder— que esta historia acabara de manera cainita.

No se oía nada en la oscura escalera. Apenas la madera apolillada del suelo dejaba escapar algún crujido. La puerta estaba cerrada. Conteniendo la respiración,

Agatha acercó su oído a la cerradura, mientras el hombre decía algo sobre sus gustos personales y la violencia en un francés casi imperceptible. Dulcemente, Agatha volvió el pomo de la puerta, y ésta, sin producir el menor sonido, giró sobre unos goznes extrañamente bien engrasados...

Había sido una suerte, decía Agatha delante del *roastbeef* de *Simpsons,* haber llegado efectivamente a tiempo. O tal vez, había sido inútil nuestro viaje, porque una extraña fuerza había parado las manos idénticas y doblemente asesinas. Como confirmaría el escritor vecino, cosas muy raras habían ocurrido en la casa antes de que encontráramos a los dos muchachos en el suelo, aún abrazados o magullados por la pelea que se había desarrollado poco tiempo antes, pero encendidos en cierto extraño sentimiento nuevo. Sorprendentemente iguales, se miraban descubriendo una identidad enloquecida y tratando de distinguir la diferencia... Una diferencia que tal vez no existía.

Tim, el pobre y cansado Tim, se había visto arrastrado por una historia que al principio le había parecido una aventura. Nacido el mismo día que su medio hermano, de una mujer menuda y samoana a la que el parto costara la vida, se había educado en el cuartel, el deporte y el aire libre, al lado de su padre. Desconocía Tim McConnell la existencia de otra familia paterna que no fuera él mismo, y, desde luego, la de un muchacho igual a él y viviendo un mundo diferente a miles de kilómetros de distancia.

El crecer de los chicos, decía Agatha, había tenido que llenar de sufrimiento al padre, que sólo después de algunos años se fijaría en el extraño parecido que les unía. «Estoy segura», explicaba en la cena, «de que él mismo estaba aterrado por esa extraña jugada de la naturaleza, de que en muchas noches insomnes calculó al instante el momento y las circunstancias de la concepción de cada uno, y que muchas veces se arrepintió, en las largas horas de vigilia, por haber dado lugar a lo que se le hacían dos monstruos». «Se arrepentiría también por no haber conseguido que se encontraran, por no haber traído a Tim a la casa familiar, y se justificaría en lo que no pudo dejar de ser un tormento de años, culpando a Dorothea por su gélida actitud hacia él, por su obstinación en permanecer en Inglaterra, por la distancia de abismo que ella y sólo ella, pensaba, había permitido e impuesto en su pareja.»

«Todo esto», seguía la escritora con su relato explicativo, en esta apoteosis final de purés de castañas y manzanas, de salsas amargas y dulces y abundantes ensaladas en torno a la carne sangrante, «fue soportable hasta el momento de la vuelta. Cuando Robert McConnell, jubilado del ejército de Su Majestad se encontró en un barco con su hijo y sus pocos enseres, debía intuir lo que se le venía encima. Los primeros meses debieron pasar rápidamente, y de alguna manera, felices. Instaló a su hijo, con la esperanza de llevárselo a casa en poco tiempo, y le fue enseñando una ciudad que a él mismo le era ajena, le envió a París y más tarde a Roma,le hizo leer, le hizo estudiar, y le obligó a modular su voz en el acento que él mismo iba retomando...» «La presencia de Cat se convertiría en un tormento a medida que el tiempo les hacía conscientes a ambos de una antipatía que no hacía sino crecer. No se en qué momento», dijo Agatha Christie, después de una corta pausa, «empezó a pensar seriamente la substitución. Tampoco sé las razones que daría al propio Tim. El caso es que la presencia de Timothy le era necesaria y que confiaba en la estupidez enferma de su mujer y en la natural separación de la familia para alcanzar, quizá por primera vez en su vida, la serenidad que la suerte le había negado hasta entonces».

«Todo hubiera ido bien si Cat, como él proyectaba en su necesidad de darse plazos, hubiera continuado su viaje y, un poco más tarde, hubiera disfrutado la beca que ya McConnell, como militar retirado, gestionaba para él. Dorothea apenas notaba la diferencia, y aunque Tim protestaba débilmente por una situación que no entendía, la apenas aludida locura de la mujer le hacía aceptar una ternura inédita y unas comodidades desconocidas para él sin mayores problemas.»

«Así estaban las cosas cuando volvió Cat. De golpe, se vendría el mundo encima. Dotty, incapaz de afrontar el hecho de la infidelidad impensable en los primeros tiempos de su matrimonio, se enfrentaba, además de con la evidencia de su fracaso, con la idea de que su hijo, su propio hijo, era tan repetible como las hojas de un libro. De que su cariño podría haberse multiplicado, y de que ahí estaba como una traición, el cariño que no sabía desde cuando había dedicado a este otro muchacho, tan pelirrojo y delicado como el suyo mismo... Cat se sintió, debió sentirse, atrapado por la desgracia. Capaz de comprender a estas alturas las oscuras leyes del azar y la herencia, que le permitían tener un hermano idéntico con el que no había compartido el claustro materno, ni los juegos, ni el tiempo, le veía ahora como una presencia horrible y amenazadora. Y Timothy, perplejo, abochornado, odiando una historia en la que había entrado como un juego de afectos, pero cuyos verdaderos límites desconocía. Sus verdaderos límites eran un personaje igual a él y con una verdadera existencia, más allá de la imaginación demente de la mujer de su padre.»

«Los tres, en suma, pensaron en matar. Los tres desearon matar, y también Robert McConell. Los tres, y también Robert McConnell, se defendieron de esta idea. Sólo Dorothea, débil, con la vida destrozada porque las razones de su existencia se habían borrado en la culpa recién hallada, apareció una madrugada colgada de un árbol para castigarse y castigarles.» «No comprendo», terminó Agatha, «de donde sacó la fuerza para dar esa patada al taburete que le sirvió de patíbulo...»

«Mi avión sale mañana temprano, señora Christie, y usted no me ha dicho nada sobre sus memorias.» «Qué importa», dijo. «Cuenta toda esta historia. Yo ya no lo haré. Es suficiente, ¿no?» «En cuanto a las otras muertes», dijo contestando mi última pregunta, «son como la de Dorothea, señales del tiempo. El Imperio Británico ha terminado, un tiempo nuevo se abre y se cobra sus víctimas. Pasa siempre. ¿No te he dicho que las fronteras entre lo normal y lo criminal, entre el valor y su ausencia, entre la infelicidad y la muerte son tan débiles? Pues poco más he aprendido en esta vida tan larga, que, no se lo digas a nadie», y entonces hizo un guiño, «pasa ya de los ochenta años...»

Madrid, noviembre de 1980.

La búsqueda de Elizabeth *

Marta Pessarrodona

* Traducción de Clara Janés.

Marta Pesarrodona nace en Tarrasa el 18 de noviembre de 1941. Estudia historia sin sacar provecho. Es lectora de castellano en Nottingham desde 1972 a 1974. Publica: *Septembre 30* (1969), *Vida privada* (1973), *Memòria i* (1979) y *A favor meu nostre* (1981). Colabora en *Camp de L'Arpa, Dones en lluita, L'Avui, El País, L'Avenç* y *Vindicación*. Actualmente colabora con una editorial por el aspecto crematístico de la vida y, juntamente con su colaboradora Nesa, de la cual se sospecha que le escribe algunos artículos y narraciones, lleva una actividad creadora literaria por puro placer y seducción.

Londres, 1976

Elizabeth me dijo que el cuerpo de una mujer es mucho más poético. Creo recordar que me lo dijo después de aquella reunión en el *squatter* de Harrow Road (la calle más larga de Londres, según afirmación espontánea y no solicitada del hombre de la ferretería, al preguntarle hacia dónde caía el número a donde iba yo) y bajando hacia el piso «de unos amigos», en Shepherd's Bush. Elizabeth iba hablando con la mano izquierda agarrada a una inmensa bicicleta negra de ya no recuerdo cuantas marchas, muchas. Elizabeth me dijo que podía dormir en casa de *los* «amigos», si quería. (Yo supe en seguida que de aquella casa, a la cual todavía no habíamos llegado, ni sabía cómo eran, ni quiénes eran «unos amigos», saldría a la hora que fuera, pronto o tarde; pero que no dormiría allí lo supe de inmediato.) Elizabeth me pidió que nos detuviéramos en un restaurante indio con «take away» [1] porque tenía hambre

[1] Para llevar.

y, mientras proseguíamos la charla, que habíamos iniciado al acabar la reunión en la escuela victoriana que abarcaba toda una manzana y, ahora, era un squatter, recientemente ocupado por gente de color, apretujada en algún otro sitio aquellos días, después del desastre del Carnaval del Caribe de aquel año; una especie de feudo, ahora de un exilado vasco racista, donde había un espacio para mujeres relativamente pequeño, en particular pensando en las dimensiones macrocefálicas del edificio; sí, un espacio para mujeres, concretamente españolas, acostumbradas a ciertas luchas campales con el vasco, quien había introducido la novedad, desconocida en el mundo del squatterismo, de poner cerrojos en las puertas, expulsando a la gente de color, que tantos encontronazos había tenido con la policía en fecha reciente; mujeres españolas exiliadas (como aquella doctora madrileña que trabajaba en el hospital Elizabeth Garrett Handerson, totalmente llevado por mujeres, que desapareció a la mañana siguiente de la reunión, improvisadamente, con la luz verde de las primeras amnistías) y no exiliadas (como todas aquellas mujeres que trabajaban en hoteles y descubrían el mundo civilizado a base de diez horas de trabajo muy duro). Mientras seguíamos la conversación con Elizabeth, conversación que hasta incluyó ya a Frances Yates, ella compró un «kebab» que, en cierto modo, me repelió, mientras que ahora pienso que debía de ser delicioso, dentro de aquel pan sin lavadura, «pita» [2] (no sé si bendecido por el rabino de la sinagoga de la ciudad, como los que venden en Selfridge's), con aquellas verduras picadas y el trozo de «kebab» que cortó con tanto arte el hombre para mí de rostro exótico. Elizabeth, antes de llegar a Shepherd's Bush, ya me había hablado de la idea de la imprenta, estoy segura; y de lo que no me cabe la menor duda es de que ya me había dicho que el cuerpo de una mujer es mucho más poético. Supongo que en la reunión del squatter, donde tuve la triste idea de sentarme sobre

[2] Pan ácimo en yiddish.

un colchón de lana, naturalmente viejo y transmisor de dos magníficas pulgas, compañeras fieles de toda la noche, hasta eso de las cuatro de la madrugada, hora en que llegué al Club y flotaron —¡que en gloria estén— en la bañera; supongo, sí, que en la reunión, donde había también un chico médico, habíamos hablado de anticonceptivos y aborto, ¡los temas!, reunión con un leit-motiv que consistía en hablar de la llegada de Elizabeth con un informe medio ensamblado sobre conocer el propio cuerpo, leit-motiv que resultó una suerte de cuento de nunca acabar porque, parecía, Elizabeth no llegaría nunca, y el resto de la gente tampoco es que anduviera sobrada de imaginación, ni de ideas demasiado brillantes. Acabamos la reunión como la habíamos empezado: sin Elizabeth. Porque Elizabeth llegó justamente cuando ya salíamos a la luz, más bien débil, del patio de la escuela victoriana, cuando ya había terminado la reunión y lo habíamos decidido todo, que quería decir, supongo, nada, y hablábamos, como suele pasar después de cualquier reunión, en grupos reducidos, de dos o tres. Tal vez llegó cuando aquella chica, más bien bajita y regordeta, que trabajaba en un hotel haciendo camas me dijera, muy ofendida, que ella no era una feminista sino una mujer liberada y yo pensara, una vez más, en la trampa de las palabras. Elizabeth llegó con su bicicleta inmensa (tardaría algunos años en saber —¿o tal vez era otra?—, que tenía muchas marchas, más de las que nunca hubiera imaginado posibles en una bicicleta), con una chaqueta de plástico que mi imaginación visual también hizo negra y con papeles en la mano. Yo no he visto nunca, lo que se dice nunca, a Elizabeth pedaleando una bicicleta, ni lo vi aquella noche, cuando enseguida nos quedamos solas, Elizabeth y yo, hablando de la posibilidad de que aquellas hojas, que tanto habíamos esperado —y que no sé si leí en su totalidad— pasaran a ser un artículo para la revista, porque en la vida, o en la vida de algunas personas, suele haber siempre una revista donde publicar —o intentar publicar— artículos, o hacer lo posible para que la gente que nos gusta —y, muchas veces, alguna gente que no nos gusta— publique artículos. ¿Era cuando hablábamos de esta posibilidad, después de alejarnos ya juntas del squatter, la reunión, la chica médico exiliada (¿la había conocido Billy, que no es Jimmy ni lo canta la Mimar?) cuando le dije, tal vez sin venir a cuento, de golpe, «soy heterosexual»? ¿Fue entonces cuando Elizabeth me dijo que el cuerpo de una mujer era más poético? ¿Venía todo ello condicionado por los papeles sobre conocer el propio cuerpo que habían sido el tema de la tarde y parecían obsesionar, a un grupo de mujeres, una tarde de otoño londinense? Fue largo el trayecto desde el squatter de Harrow Road hasta el piso (una planta baja) de Shepherd's Bush y, en definitiva, me pareció muy breve. «La correspondencia me la puedes mandar a esta dirección», me dijo Elizabeth, cuando ya nos acercábamos allí. Y, ahora que lo pienso, siempre ha existido alguna dirección donde localizar a Elizabeth, y, también, no he sabido nunca cómo localizarla. Con el tiempo —con los años, ¡bien puedo decirlo ya!— he aprendido a no localizarla, a esperar que aparezca, como hizo una mañana de gripe, es decir de neura contra el trabajo, contra la carga insoportable de levantarse una mañana tras otra y tener que salir hacia un lugar determinado, cerrado, a una hora determinada, por más que consigamos que la hora sea tardía, de dormilona, porque el problema no es exactamente dormir, sino no apresurarse, salir con Nessa a comprar el diario, según cómo, escuchar un disco, mientras preparamos el desayuno; el problema no es dormir —aunque, a veces, lo sea— sino entrar en el día sin violencia, sin estridencia (¡ay!, ¡qué pena, eso último puede rimar!); como tampoco estar sola es problema, más bien existe el tema tan socorrido de la soledad compartida, el odio más absoluto al teléfono que rompe frases, pensamiento, amor, humor, y nos hace volver al párrafo con inquietud, sin el placer que, precisamente antes de sonar, sentíamos peleándonos con la máquina de escribir, o viviendo gracias a unos signos, generalmente negros, sobre un papel, generalmente blanco. Y llegamos al piso de Shepherd's Bush. Elizabeth colocó la bici al pie de la escalera (que tanto me recordó mis entradas adolescentes de bicicleta en casa) y no puedo recordar si llamamos o Elizabeth tenía llave del piso; lo que sí recuerdo es que había correo para ella, en la sala, sobre la chimenea, testimonio de tiempos pasados más aristocráticos, aunque no demasiado, chimenea convenientemente transformada en estufa gracias a un aparato eléctrico empotrado. Saludamos a los presumibles inquilinos del piso en el baño. Eran una pareja, la muchacha inclinada y con la cabeza dentro de la bañera; el chico aplicándole una cosa en el pelo, un tinte. Y, enseguida, o poco después, cuando nos reunimos los cuatro, la conversación consistió en un intercambio de preguntas y respuestas entre Elizabeth y ella: tal persona había regresado al país (supuestamente el nuestro, el de ellos y de Elizabeth y mío); si había marchado «muy cargado» y había conseguido «pasar»; si la otra persona había ya dado señales de vida, etcétera, conversaciones o preguntas y respuestas que deben de haberse dado tanto fuera del país, ¿o todavía se dan ahora? También, al cabo de un rato, se habló del Carnaval del Caribe, que había tenido lugar hacía pocos días, el racismo inglés, o, mejor, británico, de la brutalidad de una policía en apariencia tan civilizada, de la escalada de National Front y la bomba que habían lanzado, hacía poco, contra el squatter de Harrow Road, de donde regresábamos aquella noche (y me vino la imagen de numerosas pintadas que había visto aquel mismo día, al dirigirme al squatter, pintadas que vi repetidas en Whitechapel; también recordé el incidente: al subir al autobús una viejecita —y las viejecitas inglesas, como dice muy bien Eduard, son las más inglesas de todas las mujeres inglesas— se lanzaba a una xenofobia absoluta con la excusa de que una muchacha negra le quería pasar; y también, en un autobús, un borracho atacó al cobrador —un hombre de color— aunque el hombre sólo quería ayudarlo en su tintineo, nada cómodo, teniendo en cuenta los movimientos normales del vehículo). Sí, en el poco rato que estuvimos charlando los cuatro, el tema racista fue el único en el cual pude meter baza. En cualquier caso, muy pronto nos quedamos solas. Mientras Elizabeth me hablaba, yo me iba fijando en lo muy peluda que era, y como contrasentido, en el poco pelo que tenía en la cabeza, presagio de una calvicie segura. Coincidimos en que *The Art of Memory,* de Frances Yates, era un libro extraordinario (y extraño que despertara tanto interés —creí entonces, tal vez por un cierto primitivismo de juicio mío— en la Elizabeth que yo acababa de conocer), incluso le sugerí entrevistar a la Yates, como exponente de mujer en el mundo académico, un espacio de actividad humana tan masculino, incluso —o, tal vez, más que en ninguna otra parte— en el mundo académico británico. Naturalmente, también hablamos de la posibilidad del folleto explicando cómo era y funcionaba el cuerpo de una mujer (no insistió en que era más poético), tan lleno de escondrijos. Y me invitó a una sesión de aborto por succión, ya me telefonearía al club y me confirmaría el día y la hora. También aquella noche, en aquella planta baja del Shepherd's Bush, me habló de Concha, de unos poemas que había traducido (¿de Adrienne Rich?) poemas a los que yo —¡como experta!— tenía que echar un vistazo. Y también me habló de la posibilidad de montar una imprenta, tal vez en una comuna de mujeres, no lo sabía muy bien, hacía falta, sin embargo, tener una máquina de imprimir (nada de telefonear desde un despacho alfombrado a un impresor, que es lo que hacen los editores). Los de la casa nos habían dejado una botella de las pequeñas de whisky medio llena— un *flask*— y lo bebimos con gusto, en realidad con el goce de ser, la una para la otra, una persona nueva que interesa. Hacia las cuatro de la madrugada, me repitió que podía dormir allí: había muchos cojines grandes y un sofá que, de sobra, podía acogernos a las dos. Y, con gran sorpresa mía cuando lo recuerdo, me entró miedo.

(¿El cuerpo de una mujer es más poético?) Dada mi insistencia en ir al club, como si tuviera doce años y volviera a una casa donde nos espera la típica madre, me acompañó a la parada del autobús nocturno. Llegamos allí después de andar unos diez minutos (Elizabeth no cogió la bicicleta para regresar a la que era su casa aquella noche) y le dije que no me daba miedo esperar sola (¡mentira!), que hacía mucho frío, que volviera. Me acompañó un rato, y, después, nos despedimos. A los pocos minutos de espera, paré un taxi de los escasos que pasaban. En el club donde me hospedaba, en el mismo meollo londinense, Mayfair, tuve que llamar insistentemente al timbre de la puerta y cuando al fin me abrieron (una pizca extrañado el portero de tanta nocturnidad) me precipité a llenar la bañera con mucha espuma, agua muy caliente, y me sumergí en ella, viendo flotar las dos pulgas, que me parecieron salvadoras: en definitiva, había vuelto a dormir al club por comodidad, por legado burgués. Era eso. No me había quedado en aquella planta baja de Shapherd's Bush sino por pura malcrianza, no había otra razón. ¿Me duraría mucho tiempo creérmelo?

Jordi llegó a Londres al cabo de un par de días. Era lo que habíamos convenido: dejarnos una semana de respiro, de vivir respectivamente nuestra vida sin la antropofagia típica de pareja. Me alegró mucho su llegada; él dijo que estaba muy contento de encontrarme, de que nos reencontráramos. implícitamente, decidimos que volvíamos a estar en el mejor momento de nuestras relaciones, diciéndolo sin palabras, sin decírnoslos. Sí, estábamos enamorados el uno del otro, nos deseábamos, nos hacía felices comentar cosas, ¿qué más queríamos? Nos habíamos separado unos díaes porque los reproches empezaban a llenar la parte más importante, o más larga de nuestras horas, días comunes. Todo había sido, sin embargo, una pesadilla, tal vez la fatiga de antes de las vacaciones canalizada en nuestra relación. (En definitiva, tal vez había sido un error programar las vacaciones tan tarde en el año.) Hubo el natural intercambio de lo que habíamos hecho en aquellos días de separación: Venecia había resultado mejor que nunca; Milán lleno de cosas interesantes, según Jordi. ¿Y yo? ¿Qué había hecho yo? En realidad creo que le expliqué muy poco, lo suficiente, sin embargo, para que, en broma, Jordi me dijera: «¡A ver si ahora te gustarán las mujeres!», con la más rotunda tranquilidad, simplemente para hacerse el gracioso, sin el más mínimo tono de peligro, o de miedo. Aquellos días juntos, fuimos al teatro, al cine, comimos en «nuestros restaurantes», hicimos el amor. Volvíamos a vivir nuestros mejores momento, incluso permitiéndonos, a ratos, hacer cada uno la suya. Creo recordar que yo vi un par de veces más a Elizabeth. Una de las veces, por casualidad: en el Soho, en un bar o restaurante donde cada año se celebra —o se celebraba— la jornada Nacional Catalana, con toda la parafernalia correspondiente: banderitas, sardanas en un tocadiscos, republicanos (ex ministros o expolicías, lo mismo da) y algunas personas como yo misma, que, transeúntes por la ciudad, leen la convocatoria y se dejan caer por allí. Sé que invité a vino a Elizabeth, aunque no sé si hablamos de nada en concreto: más bien todo se limitaba a darme a conocer (ella parecía un *who's who* de aquel grupo) las glorias y piratas (que siempre suele haber infiltrados en los grupos de exiliados) que allí se encontraban.

Barcelona, 1977

Cuanto hábito, rutina puede provocar dolor después de una separación. Como siempre —o casi siempre— con Jordi tardamos demasiado en separarnos, seguramente guiados por la esperanza de que era una nube, de que todo pasaría y solamente contaría el hecho de que nos queríamos. Y, querernos, tal vez aún nos queremos, pero amor hacía ya mucho tiempo que no sentíamos. Hay que decir que no fue de las veces más terribles: realmente funcionaron una serie de mecanismos que los dos habíamos puesto en práctica, probablemente porque al conocernos salíamos, tanto el uno como el otro, de unos finales, de unos adioses llenos de reproches e interminables. El motivo no merece la pena ni mencionarlo, ni tan sólo recordarlo. No obstante fue difícil, muy difícil, aunque tranquilizador: lo que siempre parece imposible, vivir sin la otra persona, se hace posible y hay un placer, muy poco estridente, en el hecho de volver a tener las riendas de nuestra propia vida, dicho con el máximo tópico posible. Hubo días difíciles y maravillosos entonces, llenos de momentos de pesadumbre y de momentos de entusiasmo por reencontrar amistades, lectura, incluso una nueva visión de la ciudad y de las cosas inmediatas.

Y con el tiempo apareció Toni (iba a decir en mi vida, pero ya sería tirar excesivamente del hilo del tópico) inesperadamente: una persona absolutamente nueva y diferente, que en nada se parecía a mi mundo habitual (un mundo del que nunca me había movido sentimentalmente), una persona con la que no se repetiría nada —ni errores ni aciertos anteriores—, una persona única. En un principio sé que me interesó o, mejor, fascinó, pero me costó entrar en la fase del enamoramiento, de pensar en esta persona la mayor parte de los momentos del día. Cuando ya había entrado en ella, apareció Elizabeth, inesperadamente, como siempre. Había dejado Inglaterra, ahora se establecería en el país en una comuna de mujeres, pondrían en marcha el proyecto de la imprenta porque, parecía ser, habían conseguido una vieja máquina de imprimir que serviría. Me empeñé en que conociera a Toni. Se gustaron: se estableció una corriente de afecto inmediata. «Elizabeth tiene la culpa de que me gustes», le dije, como una cosa de aquellas por las cuales deberían de pagar derechos de autor en Hollywood. Siempre creeré, sin embargo, que Elizabeth, sin quererlo ni sospecharlo, era la responsable, tal vez porque cuando todo se me tambalea —como ahora— pienso en Elizabeth, mientras sé que no aparecerá hasta que vuelva a encontrarme bien, sin ningún desasosiego, en paz. En el curso de esta aparición, coincidimos con Elizabeth un par de veces más, incluso conocí a Concha de la cual ya me había hablado en aquella planta baja de Shepherd's Bush la noche en que nos conocimos. También esta circunstancia fue una sorpresa: Concha se parecía (o había una cierta semejanza física) a la Ester que había vivido con Toni, y que nos obligó a tanto tiempo de adulterio, tal vez por la cobardía sentimental de Toni (que entonces no advertí), no lo sé, lo que si sé es que aquel tiempo compartido, en realidad, fue el más feliz con Toni, el que me dejó ser yo misma y querer, dos cosas que, en amor, casi nunca he conseguido. Me fijé en que Elizabeth era distinta delante de Concha, se notaba un pasado que condicionaba cada palabra, cada gesto, tanto de Elizabeth, la perdedora de la historia, según deduje, no sé si acertadamente, como de Concha, cuyos ademanes tenían el pretexto de mimar a la criatura que tenían en brazos, y las palabras de excusa para afirmar que todo lo que le decía Elizabeth como novedad (¡ella que venía de Londres!), era muy interesante. A pesar de que yo me encontraba completamente inmersa en mi historia personal, pensé más de una vez en la frase de Elizabeth la noche en que nos conocimos y, también, en la servidumbre del sufrimiento terrible a que, siempre, en amor, nos veíamos sometidos. No obstante, la ceguera y el egoísmo del comienzo de una relación me alejó el pensamiento de la cabeza, como si fuera una niebla enfermiza que quisiera enturbiar no sólo la felicidad que sentía con Toni, sino también la que vislumbraba futura. Y sabía que los finales de obra son limitadísimos, más limitados aún cuando está en juego la sinceridad. También sabía que, cuando el teatro es la realidad de cada día, no existe ni la posibilidad de aplausos, solamente el consuelo de que tampoco nadie nos lanzará tomates ni pedirá la devolución del importe de las entradas.

Epílogo sin fecha

Cuando he olvidado a Elizabeth, siempre —por lo menos hasta hace muy poco— aparece. En una ocasión de gripe-neura, una mañana en casa, recuerdo que por la ventana vi en la calle una chica de aspecto poco habitual, insólito en mi barrio. Al poco rato, aquella chica se sentaba en el sofá de mi sala. Desde la ventana no había visto que, a pocos pasos, la acompañaba Elizabeth. Era una chica autraliana, escritora, que había hecho lo que, seguramente, yo no haré nunca: quemar totalmente las naves y vivir del producto obtenido. (Había dejado su lugar docente en la universidad, había vendido el coche, y se disponía a agotar un futuro inmediato de viajes por Europa, sin demasiado rumbo.) Elizabeth quería que yo leyera unos manuscritos de la chica australiana; la chica del caso decía que ni siquiera los tenía; Elizabeth dijo que me los mandaría desde Londres, donde ella tenía copia (evidentemente, Elizabeth volvía a vivir en Londres). Uno de los manuscritos (una suerte de narración muy personal de lo que había sido el Woman's Lib en Australia) había sido rechazado por una editorial feminista inglesa. La relación de Elizabeth con la chica australiana era maja, protectora sin resultar avasalladora ni opresora. A los pocos días me llegaba, con remitente (una nueva dirección donde poder, teóricamente, localizarla), un paquete postal de Elizabeth con un manuscrito de la chica australiana. Lo leí y fue la gota de agua que me determinó a dejar el trabajo que hacía en aquel momento. Era un manuscrito lleno de inteligencia; entonces, podía comprender las razones del rechazo editorial; también podría comprender que si yo hubiera sido la autora, no habría sentido la frustración que mi trabajo (¡tantas horas de mi vida, de la única vida que tengo!), en definitiva mal pagado, me causaba.

Con Toni nos encontramos a Elizabeth casualmente (¡en Londres!, ¡una ciudad de setenta kilómetros de diámetro!, como me informó Anna). Esta vez sin bicicleta, bajando de una especie de furgoneta inmensa, que daba cabida a unas diez personas, entrando en una sesión de filmes experimentales de una cineasta americana. Hablamos sin hablar demasiado (en esta ocasión, yo no había hecho nada de nada para encontrar a Elizabeth), seguramente porque estaba Toni y, aunque la corriente de simpatía seguía vigente, imagino que, Elizabeth y yo, nos resultamos mutuamente un disco que nos interesa y que, para captarlo o deleitarnos con él, nos es necesario estar a solas.

En una ocasión, sin embargo, sí hablamos largamente. Elizabeth me invitó a participar en un congreso (pensándolo con perspectiva creo que el congreso era ella y sólo ella), a presentar una ponencia. Un domingo por la mañana, excepcional porque me encontraba en casa, había resistido la tentación del fin de semana, virus que ataca con frecuencia a los ciudadanos y ciudadanas de las grandes aglomeraciones urbanas, y había conseguido deshacerme de la cruz de la visita familiar, Elizabeth me telefoneó por este motivo, para un encuentro que no se celebraría hasta al cabo de un par de meses (casi con la formalidad de la convocatoria de una universidad yanqui). Lo bueno del caso es que celebraríamos la reunión en el curso de la cual yo hablaría, precisamente, en el squatter de Harrow Road, la vieja escuela victoriana que ocupaba toda una manzana y estaba situada en la calle más larga de Londres, una ciudad de un diámetro de setenta kilómetros. En esta ocasión, hablé mucho con Elizabeth. Contrariamente a lo que yo había pensado sin querer (tampoco el día en que nos conocimos deseaba extrañarme de que Elizabeth fuera una fan de Frances Yates, y me sorprendió y dejó boquiabierta), el billete llegó puntualmente, muy bien guardado dentro de una bolsa azul con el nombre de una agencia de viajes, junto con una carta de Elizabeth dándome todas las indicaciones que eran necesarias, más la oferta de esperarme en el aeropuerto; una carta escrita a máquina con la máxima corrección. Cuando nos vimos, Elizabeth me explicó muchas cosas de su vida, que incluía muchos milagros: boda con un *gay* para evitar la deportación a la cual son tan aficionados los británicos, en especial desde el loco de Enoch Powell; intento de asesinato por parte de un tipo relacionado con aquel marino extraño; estancia en el hospital —o estancias, ya no lo sé—, en la cárcel, en definitiva una novela, una obra de ficción que, no obstante, me creo, que me creí mientras pensaba que Elizabeth cada vez tenía (tiene, quiero desear) menos pelo en la cabeza y más en el cuerpo. Frances Yates acababa de publicar un nuevo libro que, naturalmente, enrollaba a Elizabeth de forma notable; lo quería traducir, o que alguien lo tradujera. Hablamos del trabajo concreto de Elizabeth: ¡había conseguido un trabajo estable en una imprenta! ¡Y una imprenta estatal! También hablamos de la chica australiana, de dónde estaba y paraba y qué estaba escribiendo. No me habló de Concha porque estaba allí; ni hablamos —o, mejor dicho, Elizabeth no me habló de ello— de que el cuerpo de una mujer es más poético. Charlas, vídeos, improvisadas representaciones teatrales, canciones, bailes, todo parecía pregonarlo en aquel encuentro. Después de aquellos días, aún hablé un par de veces con Elizabeth, por teléfono. Por primera vez, desde que la conocía, había un teléfono (en la imprenta donde trabajaba) donde localizarla fácilmente. También existía un apartado postal, bajo un nombre extraño, en una librería donde la podía escribir y, además, tomé nota del número de la casa, es decir, del squatter donde ella vivía y donde viví a lo largo de mi corta estancia en el congreso y donde, seguramente, también se la encontraba.

En este momento de mi relación con Elizabeth, fui yo quien interrumpí el contacto. Me pregunto si no interrumpí mi relación conmigo misma, si tanta complicación, una vez más, no me disparó fuera de órbita, hacia una galaxia rara, ilocalizable. Antes, sin embargo, o tal vez cuando ya todo empezaba a ser irreal, caótico, y me daba miedo, sé que estuve unos días en Londres y que simulé, con una simulación que yo misma me creí, querer encontrar a Elizabeth. También fue un viaje breve. En un centro artístico me encontré con una de las chicas del squatter de Elizabeth, en el que yo había dormido, y me hizo saber que no estaba en Inglaterra, que, precisamente, se encontraba en España. Aunque parezca un contrasentido, sólo al regresar creí que Elizabeth aparecería en cualquier momento. No fue así. Tampoco supieron darme razón de ella en el teléfono de la imprenta. Iban pasando meses, tiempo para tranquilizarlo todo, incluso mis asuntos personales, colmar el frío y la melancolía que habían sido tan constantes como el café de la mañana. Cuando ya todo era más normal, menos hiriente, me entraron unos deseos locos de hablar con Elizabeth, de decirle lo que, a mi entender, sólo ella comprendería. Con esta intención fui a Londres, solamente para encontrarla. Fue, sin embargo, un viaje inútil: en Harrow Road no encontré a nadie que la hubiera conocido, nadie; en el squatter donde había vivido y yo había dormido un par de noches, tampoco había nadie conocido; sólo una mujer, la única que parecía saber de quién le hablaba, emitió la palabra inquietante: deportación (una palabra que despertó en mí toda la novelesca conversación pasada y me estremeció, aunque no sea una palabra estremecedora). En la librería donde tenía el apartado postal, hacía muchos meses que no sabían nada de ella; no obstante, me dieron el número de Teléfono de un Dave que me podría decir algo de Elizabeth. Inútil: en el número indicado no conocían a ningún Dave, no sabían de qué ni de quién les hablaba.

La luz de una tarde de septiembre, apenas si iniciado el otoño, en Barcelona, es suave, tanto que puede suavizar la frustración que siento por la inutilidad de mi viaje. El viento de ayer noche ha arrastrado las nubes y la polución. Se ve el mar (aunque no puedo decir a quien quisiera, que vengo del mar y te amo» *) y el ocre y blanco de las casas, de la multitud de edificios que me

* «Vinc del mar i t'estimo», fragmento del poema «Nova oda a Barcelona», de Joan Maragall.

separan del mar. Suena el teléfono y siento que deshace en parte el momento. Ciertamente: es una chica, amiga de Elizabeth, recién llegada a la ciudad (villa y corte de Cataluña, si me diera por el patriotismo); me pide información de los lugares a dónde ir. Por sus primeras palabras, pienso que podrá decirme dónde está Elizabeth. Falacia momentánea: hace más que yo que vio a Elizabeth (me veo reducida a un teléfono en su agenda, por si acaso aterrizaba por Barcelona). No sabe nada reciente de Elizabeth. Y, supongo, estoy un poco seca con la chica: mi poca capacidad de reacción al desencanto. La tarde ya no es tan suave, el otoño parece mostrar las garras y ya no me importa la visión del mar. Nadie puede orientarme respecto a encontrar a Elizabeth y necesito decirle: LO SE.

(Para Mercedes, alemana, de los años veinte, de color negro, más hermosa que la IBM, sin la cual, seguramente, no habría emprendido la búsqueda de Elizabeth, con agradecimiento.)

A través de las ondas

Soledad Puértolas

Soledad Puértolas nace en Zaragoza en 1947. Estudia periodismo. Obtiene el M. A. en Lengua y Literatura española y portuguesa por la Universidad de California, Santa Bárbara. Ha colaborado en diversos periódicos y revistas con artículos de crítica literaria. Ha publicado un estudio sobre Pío Baroja: *El Madrid de «La lucha por la vida»* (Helios, Madrid, 1971), un *Prólogo* a la vida de Isadora Duncan (Debate, Madrid, 1977), y la novela *El bandido doblemente armado* (Legasa, Madrid, 1980), que obtuvo el premio Sésamo en 1979.

1

La mujer de cabello negro y andar ligero, aunque no excesivamente armónico, se detuvo frente al escaparate de Las Magnolias y permaneció absorta en la contemplación de su abarrotado interior. Llovía muy ligeramente, aunque el calor era tan intenso que la lluvia no podía constituir una molestia. La gente andaba apresuradamente, entrando y saliendo de las tiendas, algunos, los menos, abrían los paraguas, ya que la lluvia se había presentado de improviso. Pero nadie se detenía frente a los escaparates. Las gotas de agua caían sobre el cabello negro de la mujer y oscurecían la parte superior de su chaqueta. Era de un color apagado e indefinido, a diferencia de la falda, de colores muy vivos. Aunque el más vivo de todos se encontraba algo más abajo, sobre el pavimento. En él descansaba el par de zapatos más inapropiado que cabe imaginar para un día de lluvia.

Pero la mujer parecía indiferente a cuanto pudiera caer del cielo. Sus ojos se habían posado en el escaparate y parecían atrapados en el mismo cristal. Al fin, decidió seguir andando, pero su ritmo, antes ligero, se hizo más lento. Al llegar al extremo de la calle volvió a detenerse. Miró a derecha e izquierda antes de escoger el lado por el que proseguiría su paseo. Finalmente se decidió por la derecha. Apenas dados unos pasos, volvió su mirada para contemplar la calle que, levemente inclinada, terminaba en el puerto. En su mirada había un matiz de nostalgia. Algo, no del todo material, quedaba atrás. Andaba como si cada paso le supusiera un terrible esfuerzo. Las manos, que colgaban a ambos lados de su cuerpo, trazaban en el aire pequeños e indescifrables gestos. La muper hablaba sola, sin duda.

Había llegado a una pequeña plaza en la que varios bancos dispuestos en forma circular ofrecían asiento. Estaban todos libres, debido a la lluvia. La mujer se dirigió a uno de ellos, se sentó, colocó el bolso sobre su falda y elevó los ojos hacia el cielo. De vez en cuando movía los labios y dejaba escapar un murmullo ininteligible. La lluvia cesó, en algunos puntos del cielo la densidad de las nubes se debilitó y una luz blanca fue empalideciendo su color gris plomo. Sobre las hojas de las palmeras resbalaban lentamente las gotas de agua. La mujer tomó repentinamente conciencia de aquellos cambios y salió de su inmovilidad. Tras un largo suspiro se desprendió de su chaqueta mojada, sacó del bolso un pequeño espejo de mano y trató de arreglar el desorden de sus cabellos. No devolvió a su imagen un gesto de satisfacción. Sus pensamientos no podían ser rescatados de su profunda sima. Tomó un cigarrillo y una caja de cerillas. Le llevó algún tiempo encenderlo pues las cerillas, tal vez a causa de la humedad, no conseguían prenderse. Finalmente, se levantó y echó a andar.

Había llegado a los límites de la ciudad. Los barrios residenciales empezaban allí. Las calles, bordeadas de palmeras, presentaban un aspecto solitario. La mujer contempló la calle que se extendía ante sus ojos. A un lado, un edificio público de una sola planta: se extendía en medio de una abundante vegetación. Más allá, comenzaba una ordenada sucesión de viviendas. Una mujer ya mayor salió del edificio sospechosamente escondido entre los arbustos y envió una fugaz mirada a la joven. La muchacha tiró al suelo la colilla del cigarrillo, la pisó y reanudó su camino con paso firme. Su mano derecha se cerraba sobre el bolso con una presión excesiva. Cruzó la calle perpendicular y se adentró en el barrio residencial.

En los jardines que se divisaban detrás de los setos imperaba el orden y la limpieza. Los estilos de las casas variaban, pero todas estaban provistas de un amplio porche bajo el que unas sillas y una mesa sugerían la posibilidad de comidas al aire libre. Desde las terrazas del segundo piso debía contemplarse una hermosa vista de la bahía. La chica se había detenido frente a la casa que hacía esquina y la examinaba con interés. Su mirada inquisitiva se deslizó por el terreno que la rodeaba.

Los perros habían ladrado a lo largo de la calle acusando la presencia de un extraño, pero en aquel jardín reinaba el más absoluto silencio. La mujer avanzó hacia la puerta de hierro, dudó un instante y rodeó con su mano el picaporte que cedió suavemente a su presión, facilitándole la entrada al jardín. Unas baldosas de piedra marcaban el sendero que conducía a la puerta de la casa. Tenían un trazado arbitrario que la chica siguió. Un casi imperceptible temblor poseía su cuerpo. Elevó su mano para presionar el timbre, pero no lo hizo. Probó de nuevo suerte e hizo girar el picaporte, y la segunda puerta también se abrió. Produjo el suficiente ruido como para atraer la atención del interior de la casa de donde una voz de hombre llegó en tono interrogante.

La mujer había alcanzado el centro de la habitación y se quedó plantada allí, enmudeciendo. Al fin encontró su voz.

—Soy yo —dijo únicamente.

—Pasa —gritó el hombre.

La mujer recorrió el pasillo y llegó a una amplia sala.

—Hola —dijo desde la puerta.

Había un hombre allí. Estaba sentado frente a la ventana. Carecía de todo vigor. Era uno de esos hombres en quienes la pasión por dar órdenes y ser obedecidos crea una ilusión de fortaleza. Pero no pudo hablar. Cuando vio a la mujer su tensión se acentuó. La voz de ella se elevó, dominante:

—Tenemos una cuenta pendiente.

Sacó una pistola de su bolso y apuntó al estómago del hombre, que se agitó en su sillón.

—No te muevas —ordenó—. Un solo movimiento y disparó. Sabes que soy capaz.

El hombre obedeció.

—Siempre te he admirado —dijo al fin—. No tiene sentido que hables así.

—No he venido para hablar.

El teléfono sonó y ambos se miraron fijamente.

Después, ella acentuó el desafío de su mirada, dejó escapar un insulto, adelantó la pistola y se dispuso a disparar. El hombre empalideció. El teléfono continuaba sonando. La sala quedó repentinamente oscurecida por el preludio de la tormenta. Las manos de la mujer empezaron a descender y las facciones del hombre se relajaron. Sonaron dos disparos. El hombre se deslizó de la butaca con una mancha de sangre en la sien izquierda.

La mujer se tambaleó. Su mano no se había movido. Acercó la pistola a sus ojos y la examinó. El gatillo no había sido apretado. Miró al hombre que yacía en el suelo y esperó que algo sucediera, pero nada sucedió. El teléfono había dejado de sonar. El cielo era sacudido con el estrépito de los truenos. La mujer guardó la pistola y abandonó la sala. Su mirada recorrió el jardín desierto. Llovía abundantemente. Salió a la calle y echó a correr. Las pocas personas que transitaban por la avenida corrían. La mujer la atravesó, torció a la derecha y se internó con paso apresurado en el laberinto de calles cercano al muelle. Desapareció en el zaguán de un edificio de apartamentos.

2

La calle perdía sus contornos tras el constante movimiento de mi limpiaparabrisas. No era probable que la mujer abandonase su refugio. A causa de la tormenta, se suspenderían los vuelos nocturnos, y para tomar un tren que la alejase suficientemente de allí debería esperar un par de horas. Yo tenía que asegurarme de que el hombre había muerto. Mis fallos eran cada vez más frecuentes, debido al temblor que había quedado en mi mano después del accidente.

Desde que aquella mujer se había cruzado en mi vida había estado esperando esa oportunidad. Había sabido siempre lo que podía hacer por ella. Cuando adiviné lo que se proponía sólo me había preguntado si tendría el suficiente valor como para llevarlo a cabo. Ella también se lo había preguntado. Había avanzado lentamente hacia su meta, había titubeado y había temblado y, finalmente, no había sido capaz.

Hice avanzar mi coche por las calles encharcadas dejando a los lados los edificios envueltos en la lluvia. El calor empezaba a ser soportable. Mi mente estaba perfectamente clara; sabía cómo controlar aquel área de la ciudad. Cuando llegué al barrio residencial que la muchacha había abandonado corriendo, empezaba a anochecer. La puerta de hierro del jardín continuaba abierta. Atravesé el césped y empujé la puerta de la casa, pero ésta ya había sido cerada desde dentro. Presioné el timbre y me preparé para mi segunda actuación. Alguien se aproximaba hacía mí tras la puerta cerrada.

—Policía —informé con voz de mando—. Abra.

Coloqué la tarjeta de identificación ante la mirilla. El hombre abrió, tal vez dispuesto a confiarme su reciente desastre. Se había curado la herida de la sien y no había duda de que lo había hecho él mismo. Estaba más pálido, a pesar de que debía haber ingerido una fuerte dósis de alcohol. Me contempló con timidez, antes de decidirse a hablar. Mi estatura siempre me ha ayudado mucho.

—Hemos recibido una llamada —aventuré.

—¿Una llamada? —preguntó—. No he sido yo.

Le observé desde el centro del vestíbulo, tratando de valorar su sinceridad. No tenía por qué mentir. Saqué la pistola y le apunté. Estaba muy cerca de él.

—Usted no es... —empezó.

—Soy el hombre que la quiere —dije.

Eran las palabras que había acariciado mi mente durante largo tiempo. Cuando las hube pronunciado toda relación con él quedó rota.

—Despídase de la vida —dije, y disparé.

Era imposible fallar. Me sentí algo incómodo por la pérdida de facultades que me obligaba a actuar así. Produje el suficiente desorden en las habitaciones, rompí algún objeto de dudoso valor y cogí el dinero que encontré. Después de borrar todas las huellas, abandoné la casa.

En la calle no transitaba nadie. La gastada carrocería de mi coche brillaba bajo la lluvia. Me senté en su interior y respiré profundamente. Todo había salido bien. Hice girar la llave de contacto y me alejé de aquel barrio.

Sólo pensaba en ella. Me dirigí lentamente hacia el puerto mientras meditaba sobre la forma más adecuada de hacer mi aparición. A la derecha, las brillantes luces de las tiendas más lujosas de la ciudad atrajeron mi mirada. Se aproximaba la hora de cerrar y, debido a la tormenta, la calle iluminada tenía un aspecto solitario y vano. Dejé mi coche frente a una pequeña tienda enmarcada en dorado. Era el único cliente y las dependientas entablaron una breve y silenciosa lucha para atenderme. No me costó mucho encontrar lo que quería.

Nuevamente en el coche, y con un envoltorio de papel de seda junto a mi asiento, alcancé mi meta. El edificio de apartamentos se alzaba frente a mí con algunas de sus luces encendidas. Me adentré en él con paso decidido. El conserje hablaba con unos inquilinos. Todos se quejaban del tiempo. Encendí un cigarrillo en el ascensor, desobedeciendo las órdenes impresas.

Anduve un largo trecho del angosto pasillo y me detuve frente a la puerta de su cuarto. No se filtraba luz por debajo, ni se percibía ningún ruido. La golpeé suavemente y, al no obtener respuesta, aumenté la fuerza de mis golpes. Pero ella ya no estaba allí. La cerradura era simple y se abrió sin demasiadas dificultades para darme paso a la habitación vacía y levemente desordenada donde aún flotaba el olor de su perfume. Excepto ese olor, no había dejado nada. Revolví el cuarto con obstinación y deshice la cama en busca de un objeto olvidado, convencido de que la gente siempre olvida algo en los hoteles, sobre todo si sale de ellos huyendo. Bajé al vestíbulo de mal humor porque el tiempo corría a más velocidad que yo. Los inquilinos que minutos antes se quejaban de la tormenta con el conserje habían desaparecido. Se habían refugiado en sus pequeñas habitaciones o habían decidido andar bajo la lluvia. Me dirigí al conserje con la cartera en la mano. Mientras la abría, le pregunté:

—La chica del cuarto piso, de cabello oscuro y corto, buena figura... ¿Cuándo salió?

El hombre miró el billete que sobresalía de la cartera.

—Me gustaría ayudarle —dijo—. Siempre me gusta ayudar en estos casos. Pero no la vi. No vi a ninguna chica esta tarde.

—Al menos, debió verla entrar —indiqué—. Yo estaba afuera cuando ella entró aquí. Haga un esfuerzo. debió de salir hace poco, con una maleta.

—Pagó la cuenta esta mañana —dijo el hombre, encogiéndose de hombros—. Le dije que podía quedarse un día más. Me gusta ayudar, ya se lo he dicho. Pero no la he visto esta tarde.

Me alejaba, desesperado por su colaboración, cuando me hizo un gesto.

—Pudo salir por la puerta de atrás —susurró—. No es lo normal, pero...

Dejó su frase sin acabar mientras yo alcanzaba la puerta. Desde una cabina telefónica me cercioré de que se habían suspendido los vuelos nocturnos.

—Jamás habíamos tenido una tormenta como ésta —me comunicó, feliz, el encargado.

Parecía ser una suerte para él, pero indudablemente lo era para mí. Conduje mi coche a toda velocidad hasta la estación. Cuando llegué, hacía media hora que había salido un tren de vía estrecha que recorría la costa y faltaba algo menos de una hora para la salida del tren que conducía a la primera ciudad importante del interior. En la sala de espera había un par de familias numerosas y una pareja de ancianos que, rodeados de toda clase de bultos, dormitaban con sus cabezas recostadas contra la pared. La noche no parecía muy adecuada para una mudanza. Pregunté por la chica, pero nadie la había visto. Obtuve la misma respuesta de los mozos de estación, del hombre que despachaba los billetes y de los empleados de la cafetería. Pedí un whisky doble y traté de ordenar mis pensamientos. Parecía un hecho que ella se movía sin ser vista y, si no hubiera sido porque yo mismo había sido testigo de su entrada en el edificio de apartamentos, hubiese llegado a la conclusión de que estaba siguiendo una pista equivocada. Era difícil aceptar que después de haber matado a un hombre por ella la había perdido sólo porque no había sido lo suficientemente rápido.

Cuando empezaba a desesperarme de mis errores tuve una ráfaga de inspiración. Se había perdido, pero mis presupuestos todavía eran válidos. Nadie iba a asociarme con aquel asesinato, lo que me daba libertad de movimientos, mientras que ella actuaría como quien sabe que se ha convertido en una persona sospechosa. A lo mejor era cierto que no había pisado aquella estación. Si había determinado huir, lo más probable era que, después de haber evitado la mirada del conserje, se hubiera cambiado de ropa y hubiese descendido por la escalera de servicio del edificio. Una vez en la calle, debía de haber telefoneado, como yo, para saber si había vuelos nocturnos, y por el mismo procedimiento se podía haber enterado del horario de los trenes. Su llamada podía haber coincidido con la inmediata salida del tren de vía estrecha, y yo decidí que ella había subido a él, no en aquella estación, sino en la siguiente. Debía de haberlo alcanzado en un taxi.

Yo jugaba con una ventaja: ella no sabía que era yo quien la estaba siguiendo. Huía de lo desconocido y yo era el último ser de quien ella podría sospechar .Tenía la certeza de que ella había tomado ese tren e iba a detenerse en uno de los pueblecitos costeros, como una veraneante más. Era lo más inteligente. Es uno de los principios de la huida: acudir a un lugar en el que uno se pueda confundir entre la gente, no quedarse nunca aislado. Escogí el punto más animado de la costa, un lugar que había estado de moda unos años atrás y donde en la actualidad se ofrecían vacaciones relativamente baratas. Conocía bien aquel lugar y conocía ese tren: se detenía en seis estaciones y se arrastraba con lentitud. Llegaría antes que él al destino fijado, aunque ahora la lluvia se había vuelto contra mí y era peligroso conducir por la estrecha carretera que bordeaba la costa. Su firme no se encontraba en el mejor estado.

Afortunadamente, no había mucha circulación aquella noche. Adelanté a algunos coches que parecían ir, como yo, en obstinada persecución de algo. Había conseguido que en la cafetería de la estación me vendieran una botella de whisky y me sentía invadido de una extraña euforia porque estaba convencido de que la iba a encontrar y todo lo que había hecho por ella cobraría sentido. Dejé de pensar en los sucesos de la tarde y me recreé en el cálido y brillante futuro que me aguardaba. De momento, quería hacer un viaje, recorrer ciudades hermosas, residir en lujosos hoteles, contemplar exuberantes espectáculos. Era un viaje que había soñado hacer desde hacía mucho tiempo y al fin había conseguido el dinero necesario. Luego nos instalaríamos en un pueblecito del interior, de esos que siempre necesitan una tienda que le provea de un artículo que habitualmente se compra en la ciudad. Un amigo había instalado una tienda así y se había enriquecido en un par de años. Podía, incluso, empezar a trabajar con él. Imaginé una casa bajo cuyas ventanas crecían geranios y cuyo interior se preservaba de las miradas de la curiosidad pública por medio de inmaculadas cortinas blancas. Estaba harto de apartamentos, de cuartos grises y estrechos pasillos, de comedores compartidos y sórdidos cuartos de baño. Mi visión parecía terriblemente real mientras mi coche avanzaba por la carretera, golpeado por la lluvia persistente y envuelto en la oscuridad.

Iba dejando a mi izquierda los pequeños pueblecitos de la costa. Las luces de neón de los bares próximos a la carretera salpicaban por unos instantes la noche, después se desvanecían. De repente, las luces de colores empezaron a proliferar. Los carteles de los bares, restaurantes, salas de baile, se sucedían y competían entre sí tratando de llamar la atención de un público en ese momento ausente. Me desvié hacia el centro urbano, lo atravesé y doblé por la dirección de la estación.

Parecía olvidada del mundo, con su pequeña luz amarilla sobre la puerta. En mi reloj faltaban todavía unos minutos para la llegada del tren y así me lo confirmaron en la oficina de información. Me dirigí a la cafetería y pedí un café muy cargado.

Aquel escenario se había mantenido extrañamente al margen de los adelantos del mundo moderno y yo, tal vez influido negativamente por él, sentí que mi anterior entusiasmo se extinguía. En su lugar, surgió la impresión de haberme equivocado y se hizo súbitamente poderosa. Ella no llegaría en aquel tren. Resultaba más verosímil que se hubiese encaminado hacia el interior, donde tenía conocidos de quienes recibir ayuda y consejo. La imagen del hombre muerto invadió mi mente. No era la primera vez que mataba a un hombre, pero nunca lo había hecho de aquel modo. Su figura desmadejada, a mis pies, me golpeaba casi literalmente los ojos.

Dos hombres más compartían mi espera. Uno de ellos, sentado a una mesa del fondo, ojeaba una guía de hoteles. El otro, más joven, consumía bebidas no alcohólicas en la barra y mantenía una conversación que quería ser ingeniosa sobre las posibilidades de diversión en una noche de lluvia. Fue él quien afirmó que el tren estaba a punto de llegar y salió al andén, que empezó a recorrer de arriba a abajo. El silbido del tren irrumpió en el aire, pero no experimenté emoción alguna, convencido de mi error. Lentamente, y precedida de una nube de humo, apareció la máquina y, tras ella, se sucedieron los vagones, hasta que uno se inmovilizó frente a mí e, involuntariamente, me puse en pie para abarcar con mi mirada la longitud del tren. El ruido de la máquina se atenuó y algunos mozos se dispusieron a prestar ayuda a los viajeros. Las puertas de los vagones se abrieron. Dos vagones más allá, un grupo de jóvenes con mochilas a la espalda saltó alegremente bajo la lluvia hasta quedar bajo la protección del porche. El hombre de la guía de hoteles había salido también al andén y se acercaba a un vagón para recibir a una pareja de cierta edad que lo saludó con una expresión maravillada que me hizo recordar a los ancianos que aparecerían a la mañana siguiente en algún punto del interior con todas sus pertenencias.

De la puerta abierta del vagón que había quedado frente a mí no descendió nadie. Yo comprendía que aquello era lo normal, lo que había que esperar, pero continué de pie, examinando el andén. Entonces la puerta se iluminó y una figura de mujer envuelta en una gabardina de color claro pisó el primer peldaño de las escaleras.

No podía ser ella. Era imposible que hubiera decidido seguir el plan que yo había pretendido adivinar y que descendiera por la puerta que casualmente había quedado frente a mí. Pero era ella. A pesar del pañuelo anudado bajo la barbilla, la gabardina clara y los zapatos oscuros. En ese momento recordé que había comprado unos zapatos para sustituir los que debían haberse estropeado por la lluvia. Los había olvidado en alguna parte, tal vez en la habitación donde sólo flotaba el olor de su perfume. Su mirada recorrió el andén ya vacío, lo atravesó y entró en la cafetería. Yo me senté, dándole la espalda. Un mozo trató de coger su maleta, pero ella se negó. Se sentó a la barra y pidió un café. Su voz llegó nítida hasta mi mesa. El camarero se mostró muy solícito y trató de entablar un diálogo con ella:

—No tendrá ningún problema de alojamiento, estamos a final de la temporada.

Ella no contestó, consumió su café, pagó y se inclinó para recoger la maleta del suelo, pero yo me adelanté. Ella me miró y tardó algunos segundos en reconocerme, durante los cuales el miedo brilló en el fondo de sus ojos.

—Una casualidad —dije alegremente.

El camarero no debió dudar ni por un momento de mi mentira, pero ella dudó. Le cogí del brazo suavemente y salimos a la calle, donde estaba aparcado mi coche. Abrí la puerta y la ayudé a subir.

—Te he estado siguiendo —dije mientras nos dirigíamos hacia el centro urbano—. Pero voy a ayudarte —añadí en un tono que pretendía ser tranquilizador.

Ella tuvo una intuición, pero quiso rechazarla.

—Te preguntarás por qué lo hice —dije, deseando acortar esa parte de nuestra conversación.

—¿Hiciste qué?

—Por qué le maté.

Trató de abrir la puerta del coche, pero yo se lo impedí. Cuando comprendió que yo era mucho más fuerte que ella, dejó de luchar.

—Sé por qué lo has hecho —dijo.

—Es mejor que aceptes mi ayuda —repuse—. Puede que ya te estén buscando. Estuviste allí, y tal y como ibas vestida, alguien te recordará. Y tenías un buen móvil para matarlo. Pero yo seré tu coartada.

Yo sabía que había muchos puntos débiles en aquella versión de los hechos, pero a ella tenía que parecerle factible. Probablemente, nadie llegaría a describirla bien y si alguien lo hacía, era dudoso que se lanzaran en su persecución. Se cometían muchos robos los sábados por la tarde. Dada la ineficacia de la policía, cada barrio acabaría por tener su propio servicio de vigilancia.

—Está bien —suspiró.

Un hombre feliz, acompañado de una muchacha envuelta en una gabardina clara, subió las escaleras del

Hotel El Pasajero, cruzó su umbral y se dirigió hacia la recepción. Había atravesado algunas de las fronteras de la edad, e iba vestido austeramente, con ciertos detalles que revelaban un gusto propio. Sus gestos eran joviales, su voz sonaba cansada. Había vivido durante mucho tiempo de una forma gris, pero aquella noche la luz brillaba para él.

Septiembre 1980.

El reportaje

Carmen Riera

Nace en Mallorca en 1948. Licenciada en Filosofía y Letras por la Universidad de Barcelona, se dedica a la enseñanza. Ha practicado el periodismo de modo intermitente y ocasional. Ha publicado: *Te deix, amor, la mar com penyora; Jo pos per testimoni les gavines;* dos volúmenes de cuentos, algunos traducidos al castellano bajo el título *Palabra de mujer; Quasi bé un conte; La vida de Ramón Llull; Una primavera per a Domenico Guarini* (Premi Prudenci Bertrana 1980).

Deyá, 22 de septiembre de 1980.

Querida Hellen: Necesito que me averigües si vive en Santa Bárbara una mujer llamada María Evelyn MacDonald, de unos cuarenta años. De momento no puedo darte más datos. Saber su paradero y entrar en contacto con ella me es absolutamente imprescindible, como verás por el relato que ten envío. Te llamaré en cuanto pueda desde Nueva York y te mantendré al corriente de este asunto. Por favor, no creas que me he trastornado. Haz todo lo posible por ayudarme. Pregunta, busca en la guía telefónica... lo que puedas.

Un abrazo,

Stephani

Este es un pequeño pueblo de la costa norte de Mallorca. Las casas de piedra se asoman al torrente ofreciéndole sus diminutos jardines malvas. Las buganvillas todavía floridas compiten con las hiedras en su intento de escalar paredes y muros: Sólo desde las ventanas más altas puede verse el mar que penetra a lo lejos la redonda cala desierta. Los últimos veraneantes, los más fieles y rezagados se fueron semanas atrás. Aguantaron hasta que la humedad y las primeras lluvias de otoño amenazaron ensañarse con sus anatomías reumáticas, adictas a la calefacción central. Somos muy pocos los forasteros que aún permanecemos aquí, aparte de la exigua colonia extranjera establecida en el pueblo hace muchos años. Confieso ya de entrada que yo también me iré en breve. El retraso de mi marcha no obedece ya a ninguna causa puesto que ayer se cumplió lo que esperaba, lo único que me tenía aquí. Y sin embargo siento marcharme. Pero no tengo otra posibilidad. Debo salir de aquí cuanto antes.

Nunca se me hubiera ocurrido imaginar durante los días que siguieron a mi llegada que pasaría aquí todo el verano afanándome únicamente en la búsqueda de noticias para realizar un reportaje. Lo cierto es que el asunto me desbordó. Desde el principio la hostilidad de los nativos frente al tema me pareció anormal. Los habitantes de estas tierras están acostumbrados al trato con extranjeros y son por naturaleza amables y hospitalarios. ¿Por qué se obstinaban en guardar silencio? Ni siquiera mis ofrecimientos monetarios fueron capaces de refrescarles la memoria... Los más jóvenes se excusaban diciendo que nunca oyeron hablar del caso y los más viejos, aquellos que pudieron conocer de cerca los hechos o más aún incluso vivirlos, se negaban a hacer declaraciones. De Anaïs Nin tampoco se acordaba nadie. «Pasan por aquí tantos artistas... usted comprenderá... estamos acostumbrados a ver a tanta gente... caras nuevas...» Gracias a la mujer de Robert Graves pude averiguar dónde vivió la escritora. Una casita en el «Clot», con un pequeño jardín, como todas. Su actual propietaria, una muchacha negra que pasa los veranos aquí, me dejó visitarla encantada y se alegró mucho de conocer la noticia, pues ignoraba que la Nin hubiera residido en Deyá y menos aun en su casa. «Podría ponerme de acuerdo con los dueños de las celdas que habitaron Chopin y George Sand en Valldemossa y completar, por unos duros más, la visita turística a mi casa. No me dirás que Anaïs Nin no sea una figura de prestigio internacional...»

Naturalmente la casa no guardaba ni una huella de la estancia de la escritora, sin embargo le hice algunas fotos para ilustrar mi reportaje que seguía aún en punto muerto.

En el fondo estaba muy desanimada, me daba cuenta de que había empezado mal, no sacaba nada en claro; lo mejor que podía hacer era olvidar mi compromiso con Partner y con el número extraordinario que su revista publicaba en homenaje a Anaïs Nin y dedicarme a tomar el sol. Al fin y al cabo la culpa era mía. Nunca se debe creer al pie de la letra la afirmación de un escritor cuando dice que la historia que va a narrarnos la escuchó de labios ajenos... Pero en el caso de la Nin me costaba trabajo no tomarla en serio: «Estaba yo pasando el verano en Mallorca, en Deyá... Los pescadores me contaron una extraña historia...» Estas dos frases, con las que inicia su relato *Mallorca,* se me antojaban suficientemente fiables. La extraña historia debió suceder, sin duda, hacia los años cuarenta cuando la Nin estuvo aquí. ¿Por qué si entonces la contaban ahora no querían mencionarla? ¿Tan vergonzoso les parecía que una muchacha nativa tuviera relaciones con un extranjero e hiciera el amor en la playa? ¿Les resultaba más afrentoso ahora que entonces? Era absurdo creer semejante cosa. ¿Por qué entonces se negaban a hablar? Gisele, mi amiga negra, me sugirió que tal vez todos me estaban diciendo la verdad... desconocían la historia porque nunca ocurrió.

Escribí a Partner. Anaïs Nin utilizó sólo su imaginación. Fue un error suponer lo contrario. El relato *Mallorca* figura entre las páginas de su libro *Delta de Venus,* colección de cuentos escritos por encargo. Sentía muchísimo haberme equivocado. Le propuse, a cambio, escribir un largo artículo sobre Graves y su mundo... Partner me telegrafió desde Nueva York. Quería algo sobre la Nin y pronto. Releí sus *Diarios* a la búsqueda de cualquier dato que pudiera orientarme... ¿Cómo manipulaba la Nin la realidad? ¿Qué concepto tenía de la verdad? Recordé una carta de Henry Miller a la escritora: «Todas tus líneas están cargadas de significación pero, no obstante, por mucho que alguien explique su sentido, el enigma persistirá porque tú eres la única que puede explicarlo. Y en el enigma reside la clave de tu triunfo: nunca lo revelarás...» Subrayé algunos párrafos de sus voluminosas confesiones y por fin me quedé con una afirmación lapidaria: «Lo que mata la vida es la ausencia de misterio.» Comencé a darle vueltas. Partner me había pedido un reportaje, algo ligero, y yo pretendía enviarle un pequeño ensayo, demasiado esotérico para el público a quien iba destinada la revista. Se lo mandé por correo urgente. Volvió a ponerme un telegrama:

«Tómate el tiempo necesario, retrasamos publicación. Averigua qué ocurrió con la historia. Tienes la clave: hay un misterio.»

Insistí de nuevo en mis pesquisas pero cambié de táctica. No mencioné para nada a la Nin, ni volví a preguntar si aún vivían la hija del pescador y el joven americano, ni si era verdad que en su juventud hacían el amor en público a la luz de la luna. Me limité a averiguar si había en el pueblo algunas parejas formadas por extranjero y mallorquina o al revés, si era algo usual, si se veía con buenos ojos. Me contestaron que no, que se daban muy pocos casos, ya que las relaciones acababan siempre de modo dramático... las costumbres son diferentes, la forma de vida, el temperamento... Ninguna de esas conclusiones me pareció suficientemente válida, ni siquiera explícita. Protesté, pedí más detalles. Una mujeruca que me había alquilado una habitación me confesó que cada vez que se llevaba a cabo una unión de esta clase sucedía alguna desgracia en el pueblo...

—¿Como qué?

—Desgracias... Se hunde una casa, se cae un muro, el temporal arrasa las huertas.

—Puede ser casual.

—No lo crea, es un castigo.

—¿Por qué?

—Arriba, no les gusta que se hagan así las cosas...

—¿Desde cuándo ocurre?

—Desde que ellos murieron.

—¿Quiénes?

—Estos por los que usted se interesa... Pero no le diré nada más.

Todos mis intentos fueron vanos. Supliqué, ofrecí, prometí guardar el secreto. Inútil, no pude sacarle una palabra más. Durante los días que siguieron a nuestra conversación se mostró esquiva, procuraba no verme, tener el menor trato conmigo. Gisele me felicitó en cuanto se lo conté. «Tienes una pista y muy válida, un punto de partida.» La idea fue suya: Bajé a Palma y consulté en la pequeña hemeroteca los periódicos del verano del 41. Anaïs había estado en Deyá aquellos meses. No encontré nada de interés. Luego los del 42... En el ejemplar del *Correo* de 21 de septiembre de 1942 aparecía una breve noticia: Habían sido encontrados tres cadáveres flotando en las aguas de la cala de Deyá. Se trataba de los cuerpos de dos mujeres, María Sarrió Companys, hija de pescadores del pueblo, y Evelyn MacDonald, súbdita norteamericana, y el de un hombre, George MacDonald, hermano de Evelyn. Al parecer un golpe de mar les arrebató de las rocas por donde paseaban. Nadie contempló el desgraciado accidente ni, por tanto, pudo prestarles auxilio.

Volví a Deyá con una fotocopia del periódico. La comenté con Gisele. Sin duda Anaïs Nin había utilizado parte de la historia, hablaba sólo del amor entre María y el hermano de Evelyn y no decía nada de sus trágicas muertes... La Nin escribió antes de que éstas ocurrieran... ¿Qué pasó en realidad? ¿Por qué tanto misterio alrededor de un accidente tan estúpido como cruel? «Seguro que hay algo más», insistió Gisele, «seguro».

Me costó trabajo hacerle leer el documento a mi casera. Sin gafas no veía bien y desde hacía meses las había perdido. Tampoco quería que yo se lo leyera y menos en voz alta. Por fin, tras mucho insistir, lo pasó ante sus ojos miopes. La barbilla comenzó a temblarle y rompió a llorar:

—Son ellos. Déjelos. Están muertos, sí, pero si les llama volverán otra vez y será horrible. Volverán y no la dejarán dormir. Ninguno de nosotros volverá a dormir nunca más.

—¿Por qué? Cuénteme, por favor... deje de llorar...

—Murieron a causa de sus terribles pecados. Fue un castigo de arriba, no hay duda. La embrujaron, señorita, embrujaron a María... No puedo decirle más, no puedo. Si hablo volverán. Por la noche el ruido del mar no nos dejará dormir, las olas inundarán esta casa y con su rumor traerán sus jadeos... Hacían el amor en la playa los tres, desnudos y juntos. ¿Comprende? Sin importarles si alguien les miraba, del modo más obsceno. Nunca en el pueblo había ocurrido una cosa así... Ellos, los dos extranjeros, fueron los culpables. Habían llegado a Deyá huyendo de la guerra, decían, a finales del año treinta y nueve. Alquilaron una casa a las afueras del pueblo. Escribían a máquina, como usted. Nosotros creíamos que estaban casados. Solían abrazarse en público, sin ningún respeto para con nosotros. El señor cura les amonestó una vez y fue peor. Desde entonces solían bañarse desnudos en la cala, una costumbre atroz, que por desgracia se puso de moda en esta costa, hace más de cuarenta años... Un atardecer María paseaba por las rocas de la cala, era mi amiga, ¿sabe usted?, teníamos la misma edad. Evelyn la llamó desde el agua. María se quitó el vestido y en enaguas se echó al mar. Nadó hasta acercarse a Evelyn. La ropa dificultaba sus movimientos. Evelyn la arrastró hasta el embarcadero y allí la desnudó. Nadaron de nuevo hasta la orilla, tendidas en la arena descansaron a la luz de la luna, el brazo de Evelyn ceñía la cintura de María. Volvieron a encontrarse todas las tardes. María se sentía fascinada por la belleza de Evelyn, por las historias con que solía engatusarla. Yo era la confidente de María y lo sabía bien, la tenía embrujada. Un día se unió a ellas George. Nadó a su lado y junto a ellas, desnudo, se tumbó en la playa. María se dejó amar por los dos... Aquella noche recibió una paliza descomunal de su padre. Permaneció en cama una semana a causa de los golpes. Cuando pudo levantarse desapareció del pueblo en su compañía. En dos años no tuvimos noticias suyas. La policía de Palma nos visitó alguna vez para tratar de obtener datos que pudieran ayudar a dar con su paradero. Por entonces apareció por aquí la escritora sobre la que usted trabaja. La recuerdo vagamente. Alguien le contó la historia, era americana, como ellos. Luego supimos que fue piadosa con María... se refirió sólo a sus amores con George. Al verano siguiente, ya hacia finales de septiembre, volvieron. Traían consigo una niña de pocos meses. Su padre era George, pero no sabíamos cuál de las dos mujeres era su madre... María vino a verme, yo no quise recibirla, nadie en el pueblo quiso recibirla. Al atardecer bajaron a la cala, llevaban consigo a la pequeña metida en un capazo. Todo el pueblo les espiaba entre los matorrales. Se hacían apuestas sobre su desvergüenza, se decía que debíamos darles una lección antes de llamar a la policía. Me hago lenguas todavía de la naturalidad con que se desnudaron; después, en vez de entrar en el agua, se quedaron junto a las rocas del margen derecho de la cala. Se tendieron allí y se abrazaron. Sus jadeos nos llegaban entre el rumor de las olas. Era una inmundicia ver el movimiento de sus cuerpos amándose. Algunos hombres salieron de sus escondrijos con estacas y se les acercaron para amenazarles. Ellos ni se inmutaron. Tuvieron que separarlos a golpes. Los tres, magullados, corrieron hacia el mar. No tenían otra escapatoria posible. Supusimos que intentarían ponerse a salvo nadando hacia la punta más extrema de la cala y escalarían por allí el acantilado. El mar rompía con bastante furia, las olas eran cada vez mayores. Apenas podíamos distinguir sus cabezas y el braceo. Nos pareció oír sus voces, llamándose entre sí. La niña comenzó a llorar. Me la llevé a mi casa, en realidad me sirvió de excusa para alejarme de allí. Poco a poco todo el pueblo fue desfilando hacia sus casas. Al día siguiente aparecieron sus cuerpos flotando en la boca de la cala. Estaban muertos. El juez de Soller subió para hacerse cargo de los cadáveres, a nadie podía sorprender su muerte... Eran demasiado atrevidos, todo el mundo les había visto bañándose en días de temporal... Entregué a la niña a la policía y fue entonces cuando me dijeron que George y Evelyn eran hermanos. El cónsul americano en Palma se puso en contacto con los familiares. Supe más tarde que María Evelyn pasó a vivir con sus abuelos en Santa Bárbara. Si he de serle franca, he hecho todo lo posible por olvidar todo lo ocurrido... Durante años he padecido fuertes insomnios y terribles pesadillas, como todos los del pueblo, por culpa de esta historia, aunque nadie se atreva a confesarlo. Muchas noches de temporal hemos oído sus gritos, pidiendo auxilio desde la cala; otras, cuando el mar encalma, nos llegan sus voces apagadas entre el respirar entrecortado de sus cuerpos en el momento del placer... Pero hay más aún, mucho más. Durante los años que siguieron a la desgracia ningún pescador del lugar pudo tirar las redes cerca de la cala sin exponerse a un grave peligro: Un peso enorme las lastraba hacia el fondo...

Es la primera vez que cuento estos hechos, tal vez usted creerá que exagero o que no estoy en mis cabales... Por desgracia las cosas ocurrieron tal y como se las he narrado. Si últimamente no han vuelto a molestarnos es porque nadie ha mencionado de nuevo sus nombres, pero me temo que usted habrá vuelto sin querer a convocarlos... Desde que usted se ocupa del asunto me resulta difícil dormir, igual que a mí les ocurre a algunos vecinos, testigos de aquellos terribles sucesos...

¿Quiere usted una prueba de que no miento? Baje el día 21 por la noche a la cala. Para entonces hará treinta y ocho años de su muerte. Como cada año, sólo saldrán las barcas de los más jóvenes y de los forasteros. Volverán sin haber pescado nada. El mar anda revuelto y suele haber tormenta. Quédese junto a la orilla y mire bien: A medianoche les verá salir de las aguas y tenderse desnudos en la playa para amarse hasta el amanecer...

El relato me sobrecogió en extremo. Corrí a contárselo a Gisele.

—Tu casera desvaría, querida, por aquí tiene fama de loca. Según me han dicho de joven era la maestra, la quitaron porque padecía fuertes depresiones...

Gisele se marchó a principios de septiembre y yo me quedé aquí, esperando. Ayer fui a la cala. Había luna llena. El mar centelleaba. De pronto les vi. Avanzaban nadando hacia la playa, jóvenes, bellísimos como si ni la muerte ni el tiempo hubieran podido nada contra ellos. Y allí junto a la orilla iniciaron un juego amoroso que duró hasta el amanecer...

Cuando volví a casa no pude contarle a la dueña lo que había visto. No estaba. Me había dejado una nota de despedida. Me decía que como cada año iba a pasar unos meses a una casa de salud. Me dejaba instrucciones para cerrar la casa y me deseaba un feliz retorno a mi país. Intenté dormir, no pude, el rumor del mar llegaba insistente hasta mis oídos.

Barcelona, octubre de 1980.

Before the Civil War *

Montserrat Roig

* Traducción de Clara Janés.

Montserrat Roig Fransitorra nace en junio de 1946 en Barcelona, donde estudia la carrera de Filosofía y Letras. Profesora de Lengua Catalana en la Universidad de Barcelona, alterna el periodismo con la enseñanza y la dirección de programas culturales de televisión. Es autora de varias novelas —entre las que destacan *El temps de las cireres* (1977) y *L'hora violeta* (1980)—, una biografía y diversos libros de entrevistas. En 1970 recibe el Premio Víctor Catalá de narración breve y, seis años después, el Premio Sant Jordi de novela. Actualmente colabora en diversos periódicos y revistas en lengua castellana y catalana.

«Y Esteban escuchaba y volvía a escuchar como si le hablasen de una erupción volcánica ocurrida en una comarca muy remota. Berville era, para él, un nuevo nombre. En cuanto a los demás, ochocientos sesenta y cinco rostros eran demasiados rostros para dibujar la imagen de un solo rostro.»

ALEJO CARPENTIER: *El siglo de las Luces*

El *party*[1] tenía lugar en la calle Collingwood, en el barrio de Redland, cerca de Whiteladies Road, la calle de las señoras blancas que desemboca en la colina del chico negro, *the black boy hill*[1]. Redland es un barrio bueno de Bristol, pero no lo es tanto como Clifton, el barrio de los viejos rentistas, lleno de anticuarios, de *bistros,* con las casas en forma de luna en cuarto creciente. En Redland viven muchos estudiantes, en casas viejas, medio en ruinas, paredes renegridas, salones grandes, sin muebles, techos altos con cornisas barrocas. La casa del *party*[1] estaba en una calle oscura. Cuando llegamos, María, la mejicana, y yo, vimos una puerta abierta de donde salía un amplio chorro de luz de color rojo. En el umbral, había un chico, como un Lancelot, de barba rubia y abundosa, de piel rosada. Era un chico esbelto como un junco. Y nos dijo:
— *Coming! The party is here*[1].

[1] En inglés en el original.

Subimos las escaleras siguiendo el sonido de una música muy fuerte que llegaba de arriba. En el rellano de en medio vimos cantidad de gente amontonada. Había puertas abiertas y una cerrada. Esta era la cocina, la de delante era la cocina y las otras dos eran salas que estaban a oscuras y de donde manaban chicas altas, gráciles como jóvenes ciervos, mimosas como gatos, de largas cabelleras, rubias, que abrazaban tiernamente, mientras reían, la cintura de sus *boyfriends* [1]. Iban vestidas de largo, muchas con tela de terciopelo negro, blusas blancas con encajes y puntillas de la *victorian century* [1], o vestidos de un color azul cobalto, estilo *middle age* [1]. Eran chicas que compraban la ropa en casa Jane Ashley, la tienda *trendy* [1] de Bath, junto a Bristol. Eran inglesas pero gritaban mucho, se reían, no se movían demasiado. En una de las salas, iluminada con una luz muy tenue, de un color rojo, bailaban muy arrimadas unas cuantas parejas. En el suelo, una chica con una pamela de color lila, abrazaba a otra que se apoyaba dulcemente en lo alto de su hombro. La gente entraba a sacudidas en la cocina, como podía, buscando bebida: sidra, cerveza o vino. El techo que daba a la escalera lo habían adornado con tiras de papel de seda de colorines. En otro rellano de la escalera, había un enorme espejo modernista donde todas las chicas contemplaban el efecto de sus largos vestidos y la mata de cabello rubio esparcido sobre unos hombros serenos. En un escalón estaba sentada una chica morena, con el cabello corto como Mia Farrow. Llevaba *blue-jeans* [1] muy estrechos y una blusa pakistaní. Se lo miraba todo con una cierta ausencia. Un chico negro, bajo y rechoncho, vestido medio africano y medio británico, con un casquete de dibujos romboidales en la cabeza, hablaba con una coreana. Las chicas tenían la cara de gatita, o de menudas tigresas bien educadas, algunas un poco agresivas, otras tímidas y unas cuantas con una mirada ligeramente insobornable. Los ojos azul cristal de las más apáticas, verde brillante de las más posesivas,

[1] En inglés en el original.

brillaban como chispas entre las sombras color de rosa, color fuego encendido. Manos largas, estilizadas, buscaban las esbeltas figuras de los *boys* [1]; barbas rubias, cabellos rizados, lentes redondos, piel descolorida, rostros ateridos, pana sudada, color verde botella, azul eléctrico, granate. La música cada vez más fuerte, los cuerpos hacían ángulos, como las serpientes en medio de la selva, las conversaciones se debilitaban, el sudor de las axilas se confundía con los perfumes de la India.

Fue entonces cuando entró Bishan con Isabel, su compañera, nacida en Cádiz, enamorada de un indio nacido en Uganda y educado, gracias a la Queen y a su Empire, como un británico. Venía con ellos Nicoletta, la romana de casa buena que estaba en Inglaterra para aprender a vivir, y un hombre de mediana edad, delgado, piel fina, ojos claros, cabello blanco, de un blanco prematuro. Tenía un cierto gesto de hombre interesante, medio indolente, medio sardónico. Una de las gacelas se acercó, sinuosa, hacia donde estaba Bishan y empezó a mover los ojos y a subir y bajar los párpados. La gacela tenía los labios delgados, civilizados, y unas manos escrutadoras. Bisham se reía como un loco, Isabel intentó confundirse entre las sombras, Nicoletta desapareció hacia la cocina y el hombre que las acompañaba se sentó sobre unos cojines, en el suelo, y empezó a contemplarlo todo en silencio.

La música, cada vez más fuerte.

Supe que era americano, que había sido un gran arquitecto, licenciado en Berkeley y que un buen día había decidido recoger los bártulos y marcharse a Europa a no ser nadie. Y que ahora vendía periódicos en Bristol. En un rincón Bishan y la gacela chillaban como conejos. Isabel empezaba a ponerse nerviosa, y sus ojos, profundos, como parecen los lagos de alta montaña, recorrían sus movimientos. Yo pregunté al americano que qué

---

[1] En inglés en el original.

pensaba de aquello del Vietnam y él hizo un gesto como si quisiera decir, ya llegó, y yo, y Nixon qué, y los negros qué, y a los europeos no les gustan los americanos, y él, cansado, la voz sin fuerza, Inglaterra y Francia también tienen sus responsabilidades, en Asia, y nadie las acusa de nada, y yo, pero y las bombas que cayeron encima de pueblos, de pueblos indefensos, y él, pero fueron los del Vietnam del Sur que nos llamaron para ayudarlos, que no, respondía yo, esto es absurdo, no tiene sentido, y pensaba que como era un arquitecto que se había ido de su país para vender diarios en Inglaterra dijera estas cosas, y él continuaba, pero nadie ha acusado de esto a los franceses, y ellos son, tal vez, más culpables, y a mí los esquemas se me tambaleaban, pero te gusta Nixon o qué, le pinchaba, ¿Nixon?, sí, Nixon, y él venga reír, nunca pienso en él, pero es un cretino, ¿no?, se me da una higa, no tiene importancia, Nixon no es nadie, ¿dices que Nixon no es nadie, ¿dices que Nixon no es nadie? Nadie. ¿Nadie? Nadie.

La música, cada vez más.

Bishan y la gacela se besuqueaban, las manos de Isabel acariciaban un cojín color de buganvilla, los ojos atónitos de Nicoletta, la pequeña italiana que viniera a Inglaterra porque en Italia no le había enseñado a vivir, lo miraba todo y el americano, nosotros somos un pueblo más libre que el inglés, aun cuando aquí están muy orgullosos de ello, siempre hablan de la *freedom, freedom,* libertad, libertad, traducía yo para mis adentros, y en realidad no son libres, no saben serlo. Y los negros, también son libres, en tu tierra, claro, qué tontería, el americano respondía apáticamente a mis preguntas apasionadas, yo era la más fuerte, tal vez él un poco incómodo, ligeramente enojado, los negros son más libres allá, viven mejor que en el Africa, qué pasa, pienso yo, no nos entendemos, licenciado para nada en Berkeley, ha dejado su país para nada, vende periódicos en Inglaterra para nada, siempre cuestiones simples, estúpidas tal vez, dice el americano.

La música, cada vez.

Bishan fuma hachis, se acerca y me dice: *I like you, you are clever, but I don't like you because you protect yourself*[1]. El americano, Peter, oigo que le llaman, tu acento es diferente cuando hablas español, diferente del que hablan tus compañeros, y yo, claro, porque soy de Barcelona y nosotros hablamos catalán, ¿catalán?, sí, catalán, ¿un dialecto? No, una lengua. Y otra vez mi sublime conferencia, la lata de *before the civil war...,* que es una forma de explicar que entonces las naranjas eran mayores y la gente estaba contenta. Peter pone cara de no entender nada de nada, como yo tampoco le entiendo a él, que vende diarios después de ser un arquitecto famoso y que cree que su país fue a la guerra porque se lo pidieron. Y Bishan arrastra al negro rechoncho que hablaba con la coreana y los dos empiezan a emitir, en medio de grandes aspavientos, y de unos cuantos chillidos, una suerte de sonidos guturales, monosilábicos, pregunto a Isabel que qué hablan y ella me dice que es afro-inglés, la única manera en que se pueden entender los negros de Africa y los indios que dejaron hace muchos años su país porque a los británicos les vino en gana. Le digo, a Isabel, si Bishan y el negro rechoncho se conocían antes, y ella contesta, *que va, lo que pasa es que Bishan se excita mucho cuando ve a un negro y en seguida quiere comunicar con él*[2]. Pobre Bishan, indio nacido en Uganda, educado a la inglesa, profesor en una escuela de Bristol, *se destruye poco a poco*[2], añade María.

La música, cada

No te sientes indio, ni vives en Uganda, no quieres a los ingleses. Bisham, completamente bebido, da un grito y nos ordena que bajemos a la sala de abajo, que baila-

[1] En inglés en el original.
[2] En español en el original.

remos danzas africanas. Bajamos todos, Isabel, Peter, María, Nicoletta y yo. Se inicia un sonido de timbal, es un sonido lento, matizado, sordo. A mi lado un inglés, de bucles angélicos, lentes de rata sabia, explica que trabajará en las Naciones Unidas cuando tengan su *Master,* porque es especialista en países subdesarollados, el tam-tam crece, primero es un ritmo lento, después se precipita, como un turbión de agua, con furia, el inglés angélico se desabrocha la camisa, se la quita, su piel brilla, lechosa, obscenamente blanca, suda, se le marcan las costillas, cuerpo decadente. Bishan, piel color de aceituna, negros cabellos de buitre, levanta los brazos en alto, blande las manos, chilla, y con los pies apuntalados, como un árbol, empieza a moverse a derecha y a izquierda y a bajar las rodillas hacia abajo, dos movimientos, perpendiculares, hacia abajo, hacia arriba, hacia la derecha hacia la izquierda. Isabel bate palmas, y con un cuchicheo muy suave, con voz sorda, oscura, dice *sí, sí, sí, sí, sí, me gusta bailar*[1] y el tam-tam de la música cada vez más fuerte, más agresivo, la música manda, el inglés de la piel cumple un rito. Bishan es el diablo que dirige la ceremonia.

La música.

Luces bajas, rojas, sombras furtivas que se escabullen, una pareja sentada, el uno delante del otro, los dos con la cabeza inclinada, las rodillas del uno dentro de las del otro, posición fetal, tres homoxesuales comentan, como una oración, lo que ven, mientras Isabel *sí, sí, sí, sí, sí,* y Bishan-diablo, los ojos brillantes, como dos gotas de agua, la piel tensa, las rodillas hacia atrás hacia adelante, las manos en alto, como dos palmeras, oscilando, el rito continúa, los ingleses siguen a Bishan, el sacerdote-diablo, que chilla como un pájaro, Peter se mueve sin tino, con poca gracia, los brazos caídos, los pies hacen como bum, bum, bum, los ojos indiferentes, no gla-

[1] En español en el original.

ciales, *quiet american*[1] ojos un poco estólidos, y el cuerpo que pesa, sólo el diablo y María, cabellera negra, suelta, como la brisa sobre el mar, pequeñas olas, María está contenta, mueve el culo como si bailara una rumba, *xico, xico, xico, xico, xico, xico, xico, vaya güey, eso me recuerda mis bailes, en México,, xico, xico, xico, xico. Primitivos,* digo, *primitivos, todos sois unos primitivos*[2], Peter desmañado, indiferente, como un pato que se sacude el agua sucia después de salir del estanque, de pronto Bishan desaparece y también el inglés rata sabia que quiere ir a la ONU porque le atraen los «países subdesarrollados» y sólo queda María, *xico, xico, xico,* Isabel, *sí, sí, sí, sí, sí,* y Peter, bum, bum, bum.

La.

Los homosexuales y la pareja ausente están ahora en plena transmeditación. Bishan, cada vez más incoherente, abraza a la gacela. Ella mueve hacia atrás su cabellera rubia, teñida, me dirá más tarde Isabel, y mueve los labios con voluptuosidad. Son unos labios agresivos, pero no son salvajes como los de Isabel. Arriba el *boy* de la gacela, un Cristo de barba rubia. Una holandesa nos pregunta, a María y a mí, si nos conocíamos. María sonríe, hombre, no sé si nos conocemos, yo digo que tal vez aún no nos conocemos mucho y nadie ríe. No entienden la ironía, la diferencia entre conocer y conocer, verdad María, son sosos, esta gente. De pronto Bishan se acerca, borracho, y me vomita, tú, europea, me das asco, no tienes nada que explicarme, yo no quiero que mis hijos, los hijos que algún día tendré con Isabel, vivan en tu continente, que aprendan nada de ti. Te crees muy inteligente, ¿verdad? Pero no entiendes nada de nada porque tu mundo no tiene nada que decir. Peter mira como un fugitivo, María no está, Nicoletta se ha quedado dormida en un rincón. Se funden mis palabras.

---

[1] En inglés en el original.
[2] En español en el original.

¿Yo europea? ¿Tendría que decir lo de siempre? Mi sermón de *before the civil war?* El indio sin patria me mira con furia, agresivo contra una patria extraña también para mí. Los trazos de Isabel, impasibles, sus ojos no miran a ninguna parte. Bishan me dice cada palabra, pronunciándola con énfasis, con la musicalidad británica, no, no, no, no me gusta tu mundo, y mis hijos serán educados lejos de tu mundo, vieja europea caduca.

La música cada vez era más fuerte.

Bristol, noviembre de 1973.

Las sutiles leyes de la simetría

Esther Tusquets

Nació en Barcelona el 30 de agosto de 1936. Cursó estudios secundarios en el Colegio Alemán, y Filosofía y Letras (especialidad de Historia) en las Universidades de Barcelona y Madrid. Desde comienzos de los años sesenta dirige Editorial Lumen. Tiene dos hijos. Su labor como escritora se inicia muy tardíamente, en 1978, con la publicación de *El mismo mar de todos los veranos* (novela traducida al italiano, al alemán y al francés y en vías de traducirse al inglés), primera parte de una trilogía que se continúa en *El amor es un juego solitario* (Premio Ciudad de Barcelona 1979) y concluye, en 1980, con *Varada tras el último naufragio.* En 1981 ha publicado un libro de relatos estrechamente enlazados entre sí, *Siete miradas en un mismo paisaje.* También publicó una serie de artículos en la revista *Destino,* colabora habitualmente en *La Vanguardia* y ha escrito un libro para niños, *La conejita Marcela.*

No había razón alguna para que Carlos se enfadara con ella, ninguna razón para que se mostrara celoso y ofendido, y mucho menos todavía para que se sintiera desdichado (esto sería lo peor), se había repetido Sara una y otra vez desde el momento en que «el otro», Diego, ese muchacho reservado y melancólico, la había despedido en el aeropuerto de su ciudad, besándola en el último instante, cuando estaban llamando ya a los viajeros para embarcar, con una furia en él inesperada, como si quisiera atrapar y retener el aroma y el sabor de su boca, y abrazándola fuerte, en un gesto que tenía algo de desolado, el abrazo de un niño al que abandona su mamá sabe Dios por cuánto tiempo, acaso para siempre («no puedo prometerte nada», había puntualizado Sara precavida, «no puedo asegurarte siquiera que volvamos a vernos», y luego, tan sin motivo a la defensiva, «yo no te debo nada» ,y él, sarcástico, de pronto y casi agresivo, «claro que no me debes nada, no hace falta que lo digas»). No había ante todo razón alguna para que ella, Sara, tuviera que considerarse ante Carlos culpable (como tampoco se sentía culpable ante este chico, ni entendía por qué no iban a poder seguir siendo felices los tres, ni por qué iba a tener alguien que sufrir), nada que tuviera fuerza suficiente como para obligarla a simular, a ocultar, a mentir, odiando Sara desde siempre la simulación y la mentira, puesto que también con Carlos (con él más que con nadie) había quedado la situación muy clara dos años atrás, el día que se conocieron (el día que hicieron el amor, porque se habían acostado por primera vez el mismo día en que se conocieron, arrastrada Sara por ese peligroso arrebato de locura, ese espejismo fascinante y letal, esa enfermedad dañina para la que no queremos sin embargo encontrar remedio, esa pasión que rompe incontrolada las barreras y puede con todo y lo atropella todo y lo arrasa todo, que pone el universo entero patas arriba, que nos impulsa a reaccionar y actuar y pensar y sentir como si fuéramos extraños a nosotros mismos —lo que en uno queda de sano y de sensato anonadado e impotente ante la magnitud del estropicio—, esa fiebre maligna que se llama amor y que nos hace a un tiempo tan injustos, tan malvados, tan inocentes, tan egoístas, tan desprendidos y magnánimos, tan terribles), todo acordado entre ellos dos, se había repetido Sara en el avión que la llevaba de una ciudad a otra ciudad, de un amor a otro amor —se dijo, con una sonrisa—, y, sin embargo, al cumplimentar los trámites y recoger el equipaje en este aeropuerto desconocido, y al encontrarse con Carlos que la esperaba (curioso que hubiera ido a buscarla precisamente hoy, cuando no lo había hecho casi nunca en el curso de dos años), y que la besó también él con vehemencia inusitada, como si llegara Sara del otro extremo del mundo, donde la hubieran retenido prisionera contra su voluntad, como si hubieran pasado tiempo y tiempo separados, cuando de hecho llevaban sólo unos pocos días sin verse, los imprescindibles para que Carlos pudiera terminar aquí el trabajo que le habían encargado, y la estrechó también en un apretado abrazo (cuando no tenía que temer él que Sara pudiera como un sueño desvanecerse, como un perfume evaporarse), se sintió la mujer incómoda y mal, y presintió que acaso contra toda lógica iba Carlos a sufrir, y contra toda lógica iba quizá ella a considerarse culpable.

Intentó decírselo en el coche, antes de recoger a Mónica y a Miguel para emprender los cuatro juntos el viaje, aprovechando así esos minutos en que iban a estar todavía a solas. Pero se encontró a sí misma ansiosa y llena de reparos y vergüenzas, incapaz de enunciar sencillamente «me telefoneó aquel chico que conocimos en el concierto y que te cayó desde un principio tan mal, aquel tipo al que me pediste —y no me habías pedido nunca nada parecido— que no volviera a ver, me llamó pues y nos vimos y me acosté con él», se encontró a sí misma farfullando titubeante «he hecho algo que no te va a gustar», y era el tono de voz que empleaba de niña cuando llegaba a casa su mamá y había hecho ella algo malo y la esperaba a la entrada del piso para en seguida decírselo (imposible para Sara quedar libre de culpa y en paz consigo misma sin que mediara esa laica parodia de la confesión), para explicarle que se había roto el jarrón chino de la sala, o se había llamado estúpida a la niñera, o había andado ella a trompadas con los hermanos, una vocecita amedrentada y vacilante que anticipaba ya la súplica del perdón, sólo que ahora y aquí Sara sabía bien que no tenía por qué pedir disculpas, no tenía tan siquiera por qué contarle (¿para qué se lo estaba contando en realidad?), puesto que había quedado todo muy claro entre ellos dos años atrás, y había sido Carlos, no ella, quien había hecho una explícita declaración de independencia, quien había proclamado su inalienable derecho a la libertad y había hecho votos de jamás amarla con ese amor romántico y total al que algunas adolescentes aspiraban (independencia y derecho que valían para los dos, puesto que no pretendía él en modo alguno una relación asimétrica, sólo que no imaginaba Sara en aquel entonces cómo podría ella utilizarlos ni con qué fin, votos a los que hubiera podido sumarse, de no estar empezando ya a quererle del único modo en que la adolescente que sobrevivía en ella entendía el amor). Había sido Carlos quien había decidido de una vez por todas y en nombre de los dos que cuanto entre ellos aconteciera tendría poco que ver con el gran amor, el loco amor, y sería más bien la plácida y civilizada amistad de dos adultos que se estimaban mucho, sin excesos y sin exclusividad, se respetaban mucho, tenían aficiones parecidas, se llevaban bien y hacían el amor de modo satisfactorio («extraordinariamente satisfactorio», hubiera dicho Carlos, con una chispa maliciosa en los ojos, y en la boca una sonrisa de gato satisfecho que se relamía los bigotes, gato pedante y suficiente que se preciaba de haber descubierto —sólo él en la especie de los gatos— lo rico que era el sabor de la pescadilla, y hubiera añadido algo sobre el «tener buena cama» y sobre que era ella, Sara, «una diosa haciendo el amor», tan excepcional en esto que si un hombre la poseía y la perdía luego, no le quedaría otro recurso que meterse monje o pasarse a la homosexualidad, y a Sara estas afirmaciones tan halagadoras la predujcían un escalofrío de desagrado y de incredulidad, aunque nunca se atrevió a decir que no entendía ella esto de la buena cama, no se animó nunca a cuestionar qué hacían ellos dos en la cama que no hicieran todos los demás y en qué aventajaba ella a las otras mujeres), y no se debían otra cosa pues el uno al otro que este recíproco placer, y esta lealtad que se produce entre los buenos amigos y que nada tiene que ver con la fidelidad que se exijen las parejas. (Que Sara estuviera viviendo el gran amor romántico, porque no tenía otro esquema ni otro modelo de amor, que tuviera la boca llena de grandes palabras, era un asunto que sólo a ella le incumbía y que ella debía resolver.)

«He hecho algo que no te va a gustar», había empezado a decir Sara con esa vocecilla de niñita que ha cometido alguna fechoría, pero Carlos no entendió, y enpezó a tratar de adivinar, a preguntarle por el trabajo del despacho, la visita al tocólogo, las relaciones con los amigos, y esto lo puso para Sara más difícil, y fue más duro interrumpirle para explicar «no, no se trata de esto», y luego, tragando saliva y sin parpadear, «Diego me telefoneó y he salido con él», y ver cómo Carlos se ponía tenso, le cambiaba la expresión en un instante, y tratar entonces torpemente de justificarse («no tienes derecho a enfadarte, acordamos que los dos éramos libres para hacer lo que quisiéramos, lo impusiste tú, ¿no recuerdas?», y Carlos, mirando fijo al frente, las dos manos aferradas al volante, como si de repente conducir el coche fuera algo que reclamaba toda su atención, «sí, lo propuse yo, pero desde entonces ha pasado mucho tiempo», y Sara, atónita, genuinamente sorprendida, «¿quieres decir que nuestra situación ha cambiado desde entonces?, ¡pero si nunca me has dicho nada!», y él, «hay cosas que no es preciso decir, cosas evidentes en sí mismas, ¿cómo no lo advertiste tú, que eres tan intuitiva y tan sensible?»), y tratar entonces torpemente de arreglarlo, porque no le gustaba a Sara verle sufrir así, y menos todavía siendo ella la causa («pero qué puede importante?, no tiene nada que ver contigo, y yo he salido con otros hombres y nunca te ha importado para nada, hasta lo has propiciado algunas veces, incluso te ha divertido», y Carlos, amargo y obstinado, «esta vez es distinto», sin especificar qué era lo distinto, si el hecho de que se tratara de Diego, o la actitud de Sara, o la suya propia, o el lugar, el modo, la ocasión, empeñándose sólo en que esta vez era distinto, y Sara fingiendo no entender, tratando a toda costa de negar, pero diciéndose en secreto que acaso Carlos tuviera razón, algo había de diferente y nuevo, y de repente lo supo: las otras historias anteriores habían sido vividas siempre en función de Carlos, por causa de Carlos y para lograr algo de Carlos, aunque sólo fuera verle un poco más interesado o ligeramente celoso, aunque sólo fuera para afirmarse ante él o para castigarle por tantas inocentes brutalidades, mientras que ahora se trataba de una historia autónoma, una historia a dos y no ya a tres, una historia que afectaba indirectamente a Carlos pero que no pasaba ya por él).

No volvieron a estar solos hasta la noche, cuando se retiraron a la habitación del hotel. A lo largo de todo el día, delante de Mónica y de Miguel, que les miraban con extrañeza pero que no preguntaron nada, Carlos se había mantenido huraño y melancólico, sin intervenir apenas en la conversación y mirando a Sara en algunos instantes con una fijeza desolada, y Sara se había mostrado cariñosa y solícita, le había mimado con este cuidado especial que se dispensa a los enfermos (le hablaba incluso en voz más baja), convalecientes los dos —parecía— de una dolencia que los había dejado especialmente sensibles y vulnerables. Y cuando cerraron tras ellos la puerta de la habitación, no le permitió Carlos que ordenara el equipaje, que se metiera en el baño, que se desnudara, sino que la agarró con firmeza, y allí mismo, de pie sobre la alfombra, ante el gran espejo del armario, la fue desnudando él entre manotazos tiernísimos, y la mantuvo luego así, desnuda ante el espejo, obligándola a mirarse y admirarse («¿has visto lo bonita que eres?»), y después Carlos estaba de rodillas, sujetándola por las nalgas, la cabeza de él hundida entre sus piernas, y la mordió en el pubis, y Sara protestó «me has hecho daño», pero no era verdad, no le había hecho apenas daño, y le gustaba, y le gustó que la tumbara allí, sobre la alfombra, y la penetrara con esta violencia entre ellos inédita, tan intensos en estos momentos en él —pensó —el odio y el amor, que libraban allí sobre el cuerpo desnudo de mujer una durísima batalla, y de la intensidad de este sentimiento ambivalente brotaba un placer escarpado y difícil, y le gustó a Sara que la manipulara y maltratara y bientratara, que la hiciera gritar (vencida por una vez la vergüenza a lo que pudieran pensar los huéspedes de las habitaciones contiguas), y que la llevara luego en brazos hasta la cama, y la depositara allí como una muñeca repentinamente desarticulada, tan agotada que ni se movió siquiera y quedó inmóvil en la misma posición en que él la había dejado, y se tumbara él a su lado y la abrazara fuerte y escondiera la cabeza en el hueco de su hombro. Hasta que se dio cuenta de que Carlos estaba llorando, le estaba empapando de lágrimas el hombro, el cabello, la almohada, lloraba desolado y sin ruido, y no había llorado nunca antes ante ella y ahora que había empezado parecía que no iba a poder parar, y trató Sara de apartarlo de sí para mirarle al rostro, pero él se resistió, y entonces se limitó ella a acariciarle lentamente, maquinalmente el pelo, y por fin, siempre llorando y sin mirarla, Carlos dijo: «no vuelvas a verle, Sara, por favor, no vuelvas a verle», y luego «es maravilloso lo que existe entre nosotros, y si sigues viéndole, sé que se va a perder», y Sara le besó en la frente y le estrechó más fuerte, pero —y ni ella misma lo entendía— no dijo nada, no prometió nada.

Hacían ahora el amor la noche entera, casi sin pausas, como no lo habían hecho jamás, ni siquiera en las primeras semanas después de conocerse, excitado Carlos por el miedo a perderla, por la furia de fantasearla —y saber que no era sólo una fantasía— en la cama de otro, y excitada Sara a su vez porque algo le había transmitido él de sus aprensiones y temores, de su sorda tristeza, de su oscuro rencor, o tal vez porque la relación era ahora más intensa y literaria que en cualquier momento anterior, y vivía Sara a menudo su propia vida como una mala novela. Había algo enfermizo en el modo en que se amaban —se dijo—, cierta sensibilidad extrema, cierta morbosa receptividad, que no podían darse entre personas adultas y sanas, que quedaban reservadas al mundo de los niños y los locos. Y después del amor, llenando los paréntesis, antes del infatigable recomenzar, Carlos no se dormía ya, ni se volvía de espaldas, ni se levantaba para encender un cigarrillo, Carlos quedaba abrazado a Sara y le decía unas cosas que no le había dicho antes, cosas que Sara había estado esperando y propiciando a lo largo de dos años, que hubiera pagado cualquier precio por oír, y que la pillaban ahora desprevenida y a destiempo, cansada de esperar, y eran como mucho una loca invitación a la nostalgia, nostalgia de lo nunca poseído —pensó—, que es la peor de todas las nostalgias. Y repetía Carlos las declaraciones de amor («nadie te ha querido como yo, Sara, no sabes lo muchísimo que te quiero», y Sara sonreía y le besaba y le decía que sí, que también ella le quería mucho, y era verdad, pero también era verdad que se preguntaba en silencio por qué diría Carlos «soy el que más te ha querido», en lugar de decir «eres tú la que más he querido yo») y llegaba el momento de las autoacusaciones («yo he tenido la culpa de lo que ahora sucede, no te he dado lo que merecías, lo que querías», y ella, tranquilizadora y amable, como si estuviera hablando con un niño, «qué tontería, ¿por qué piensas esto?, todo ha estado, también para mí, muy bien», y él «pero a ti te hubiera gustado que viviéramos juntos, que tuviéramos un hijo», y Sara, perezosa y olvidadiza, («¿de verdad quise esto?, debió de ser hace muchísimo tiempo», y él, molesto, al borde de enfadarse, «¿quieres decir que no lo deseas ya?», y ella, tratando de ser suave, pero concluyente, «no, no quiero vivir contigo, no, no quiero tener un hijo», hablando antes de pensar escuchando sorprendida sus propias palabras, anteriores a cualquier razonamiento), el momento de los reproches y las súplicas («te apiadas de cualquiera, hasta de un gatito perdido, pero no te importa verme sufrir así», y Sara, «claro que me importa, me importa más que nada, te quiero más que a nadie», y Carlos, «déjale pues, promete que no volverás a verle, porque lo nuestro se romperá si tú sigues con Diego, no vas a poder conservarnos a los dos», y Sara, acaso más ingenua que cínica, «¿pero por qué?», sin soltar prenda, sin prometer ya nada, empezando a admitir como posible que decidiera ella seguir con Diego a toda costa, aunque apenas unos días atrás, al despedirse de él en el aeropuerto, le había dicho «no te aseguro ni que volvamos a vernos» y «yo no te debo nada», convencida entonces de que era poco más que una aventura trivial, una travesura de niñita mala que iba a enojar a Carlos —otro modo en definitiva de atraer la atención de papá—, aunque nunca tanto como para que rompieran su relación, inconcebible entonces la posibilidad de una ruptura, mientras que ahora, en las largas noches de amor y de guerra —se querían acaso más que nunca, pero luchaban ferozmente para romperse el uno al otro la voluntad o el espinazo—, se veía tentada a admitir que tal vez se trataba de algo más, algo distinto a lo que había vivido ella antes, aunque se equivocara Carlos de medio a medio al indagar las causas y desesperado preguntarle, «¿qué te hace Diego que no pueda hacerte yo?, ¿cómo es posible que te dé más placer que el que yo te doy, el que reconquistamos noche tras noche juntos?», incapaz de fantasear cualquier otra razón, y no se atrevía Sara a sacarle de su error, a confesarle que Diego era apenas una sombra triste que se tumbaba a su lado, alguien que iba reinventando con ella viejos cuentos, olvidados mitos, mientras sonaba el tocadiscos y veían anochecer al otro lado de los cristales, no era nada especial Diego haciendo el amor, y no se trataba de que le diera más placer, ni siquiera se trataba —pensó una de las noches con sorpresa— de que se hubiera hartado ella de Carlos, como él pretendía —«te he tratado mal, no te he dado lo que mereces, te he hecho sufrir», y era verdad, pero no se trataba de esto—, ni de que el tiempo hubiera deteriorado la historia de modo irreparable, era más bien —descubrió— que la historia había estado mal planteada y mal montada desde el principio y sobre todo era que ella había elegido un papel durísimo y agotador —muy difícil comportarse durante dos años enteros, sin desfallecer, en enamorada romántica, abnegada sin límites, sin límites comprensiva, sin posible parangón lírica— y lo había asumido y ahora se había cansado y no veía modo de cambiar de rol, o de invertir los roles, sin deshacer la historia).

Hacían el amor la noche entera, y en los paréntesis hablaba casi sin parar, cediendo cada vez más terreno, perdiendo irremisiblemente pie y sin lograr sin embargo que Sara cediera, porque Sara le compadecía y le mimaba y le consolaba, pero no prometió en ningún momento nada (la laica confesión no exigía por lo visto —pensó ella, con esta parte de sí misma que analizaba y juzgaba a la otra, como si se tratara de una extraña— el propósito de enmienda, o era tal vez que había dejado de importarle la absolución), sintiéndose Sara más y más segura a medida que él naufragaba (por mucho que le quisiera todavía, por mucho que la entristeciera verle sufrir —se confesó—, había también algo de ajuste de cuentas, la satisfacción inevitable e involuntaria de ver triunfar al fin las sutiles e inexorables leyes de la simetría), y se dormían al amanecer, cuando entraban ya por las ventanas las primeras luces del nuevo día, y no salían entonces de las habitaciones de los distintos hoteles hasta el mediodía, y no le importaba ahora a Carlos —curioso infatigable, turista ejemplar— perderse las ciudades, los museos, las tiendas, los paisajes, al igual que había dejado asimismo de preocuparle —a él, tan pudoroso— lo que pudieran adivinar o suponer Mónica y Miguel, y dejó que se repartieran entre los dos el conducir el coche, y se sentó con Sara en el asiento de atrás, y, aunque se limitó al principio a sentarse apretadamente junto a ella, a acariciarle el pelo, a hablarle muy bajito, luego, a la tercera o a la cuarta jornada del viaje, se abandonó a unas caricias más audaces y apremiantes, y lo miró Sara estupefacta, pero cedió enseguida divertida, y se tocaron y excitaron a partir de entonces como si fueran un par de novios que no se habían acostado nunca todavía y que no disponían de un lugar donde encontrarse a solas, y torturaban y desahogaban así sus calenturas en los rincones más oscuros de los cafés en sombra, en las últimas filas de los cines o en los quicios de los portales, y esto no había existido en absoluto entre ellos dos al principio de la historia y aparecía en cambio disparatadamente al final, pensó Sara, y era la primera vez que surgía en sus elucubraciones la palabra «final», y esto la entristeció, como la entristecía también comprobar que sólo antes de la consecución de su objeto, o cuando estaba uno al borde de perderlo, se alcanzaba la intensidad máxima del deseo.

Hacían el amor la noche entera, amanecían al mediodía sonambúlicos y ojerosos, inventaban en la parte trasera del coche extrañas formas de placer —fijas entre tanto las miradas de Mónica y Miguel en la carretera y hablando sólo entre ellos dos como si fueran los únicos ocupantes del vehículo— y hasta por las calles, en los restaurantes, en las tiendas, la tenía Carlos enlazada por la cintura, abrazada por los hombros, cogida de la mano, entrelazadas las piernas bajo las mesas y buscándose los pies desnudos, en una amplísima y complicada gama de contactos furtivos, cual si temiera Carlos que podía ella desvanecerse o escapar si dejaban de estar un instante en físico contacto, más desesperado y enloquecido él a medida que tocaba el viaje a su fin, y —en contra de su voluntad, despreciándose y acusándose en parte por así sentirlo—, más distante Sara y más segura cada vez, capaz ahora de enjuiciar los hechos y calibrar los daños, porque había sanado tal vez, sin desearlo y sin saberlo, de su enfermedad, y estaba definitivamente en la otra orilla, y Carlos había dejado de ser el mundo todo, su más mínima contrariedad elevada por Sara a catástrofe universal, su capricho o sus deseos convertidos en ley, para pasar a ser tan sólo un hombre más que se debatía en la corriente, que padecía en el naufragio, pero que iba de un modo u otro —Sara estaba segura— a mantenerse a flote y sobrevivir, puesto que nadie (y acaso Carlos menos que nadie) moría ya de amor.

Y cuando Carlos se emborrachó la última noche (él que nunca bebía) y perdió absolutamente el control, la conciencia de lo que estaba haciendo, se olvidó de Miguel y de Mónica que los miraban asustados sin animarse a intervenir ni saber hacia dónde mirar, y empezó a agredirla a gritos, a insultarla a gritos, llamándola, a ella y a todas las mujeres, cosas espantosas, repitiendo hasta la saciedad que Sara era una mala puta, porque había sólo dos clases de mujeres, las buenas y las putas, y las buenas eran las mujeres como su madre o sus hermanas, que llegaban vírgenes al matrimonio y no jodían con nadie más que con su marido, y ni con éste encontraban acaso de verdad placer, y ni se les ocurría pensar en otros hombres, mujeres entre las cuales todo hombre sensato debía elegir su compañera, y no como él, que era un loco y un vicioso y un perdido y en el fondo un soñador, y por eso las mujeres buenas no le interesaban ni le gustaban para nada, y había ido a enamorarse de una de las otras, esas putas reputas hijas de la gran puta, que se acostaban con uno, jurándole que era el primero y que lo hacían por amor, y acababan a los dos años acostándose con cualquiera, con el primero que llegaba, mujeres a las que no debería sacarse del burdel, sino gozarlas allí por un precio convenido y sin comprometer nada de uno mismo, en lugar de hacer lo que había hecho él, que se había enamorado de esta mala puta como un idiota y se había engullido sus embustes y sus melindres y su mala literatura, y estaba tan loco por ella como para proponerle todavía aquí y ahora que se casara con él, porque no podía, simplemente no podía, seguir vivo sin ella, no podía soportar la imagen de que estaba ella en la cama de otro, y por eso sacrificaba su dignidad y estaba dispuesto a olvidar lo que fuera y perdonar lo que fuera y pedirle a esa zorra que se casara con él ahora mismo, y cuando Sara perdió a su vez la paciencia y gritó también, aunque le gritó una sola frase, por dos veces una misma frase, «nunca, nunca me casaré contigo, te enteras, nunca me casaré contigo», y luego, hablando una vez más sin pensar y escuchándose atónita a sí misma, «antes me casaría con Diego», esto fue sólo un gesto simbólico que venía a marcar el final de la historia, que la dejaba sellada y terminada y definitivamente atrás (imposible pensar en reanudarla, en salvar nada, después de haberle dicho él tamañas brutalidades, pero sobre todo después de haber esgrimido Sara contra él, como un arma certera e inevitablemente mortal, «antes me casaría con Diego»), el último trazo que venía a restablecer el equilibrio roto y a proclamar el triunfo final de la simetría.

Indice

802 Claudio Rodríguez:
Antología poética

803 Auguste Comte:
Discurso sobre el espíritu positivo

804 Emile Zola:
Los Rougon-Macquart
La fortuna de los Rougon

805 Jorge Luis Borges:
Antología poética
1923-1977

806 Carlos García Gual:
Epicuro

807 H. P. Lovecraft y A. Derleth:
Los que vigilan desde el tiempo
y otros cuentos

808 Virgilio:
Bucólicas - Geórgicas

809 Emilio Salgari:
Los tigres de Mompracem

810 Isaac Asimov:
Historia Universal Asimov
Los griegos

811 Blas de Otero:
Expresión y reunión

812 Guy de Maupassant:
Un día de campo
y otros cuentos galantes

813 Francis Oakley:
Los siglos decisivos
La experiencia medieval

814 Mary W. Shelley:
Frankenstein o el moderno Prometeo

815 Nicolás Guillén:
Sóngoro Cosongo y otros poemas

816 Michel Foucault:
Un diálogo sobre el poder y otras
conversaciones

817 Georges Bataille:
El aleluya y otros textos

818 Nicolás Maquiavelo:
El Príncipe

819 Graham Greene:
Nuestro hombre en La Habana

820, 821 Francisco García Pavón:
Cuentos

822 Isaac Asimov:
Historia Universal Asimov
La república romana

823 Rafael Alberti:
Marinero en tierra

824 Molière:
Tartufo. Don Juan

825 Emile Zola:
Los Rougon-Macquart
La jauría

826 Horacio Quiroga:
Anaconda

827 José Angel Valente:
Noventa y nueve poemas

828 Jean-Paul Sartre:
Las moscas

829 Miguel Angel Asturias:
El Señor Presidente

830 E. H. Carr:
La revolución rusa:
De Lenin a Stalin, 1917-1929

831 León Felipe:
Antología poética

832 Antología de cuentos de terror
I. De Daniel Defoe a Edgar Allan Poe

833 Ignacio Aldecoa:
Parte de una historia

834 Jean-Paul Sartre:
La puta respetuosa
A puerta cerrada

835 José María Arguedas:
Los ríos profundos

836 Angel Alvarez Caballero:
Historia del cante flamenco

837 León Felipe:
Prosas

838 José Eustaquio Rivera:
La vorágine

839 John Ziman:
La credibilidad de la ciencia

840 Jorge Campos:
Introducción a Pío Baroja

841 Albert Camus:
El mito de Sísifo

842 Rafael Alberti:
Cal y canto

843 H. P. Lovecraft:
En las montañas de la locura
y otros relatos

844 Isaac Asimov:
Historia Universal Asimov
El Imperio Romano

845 Lope de Vega:
Peribáñez y Fuente Ovejuna

846 Jean-Paul Sartre:
La náusea

847 Miguel Angel Asturias:
Leyendas de Guatemala

848 James A. Schellenberg:
Los fundadores de la psicología
social

849, 850 Gustave Flaubert:
La educación sentimental

851 Juan Ramón Jiménez:
Platero y yo

852 Fred Hoyle:
¿Energía o extinción?
En defensa de la energía nuclear

853 Jean-Paul Sartre:
El diablo y Dios

854 Horacio Quiroga:
Pasado amor

855 Antonio Machado:
Juan de Mairena

856 Cien recetas magistrales
10 grandes chefs de la cocina
española
Selección y prólogo de
Carlos Delgado

857 Jaime Gil de Biedma:
Antología poética
Selección de Shirley Mangini González

858 Albert Camus:
Calígula

859 Gerald Durrell:
Encuentros con animales

860 Ross Macdonald:
La mirada del adiós

861 Jorge Amado:
Cacao

862, 863 Pablo Neruda:
Antología poética
Prólogo, selección y notas de Hernán Loyola

864 Alfredo Bryce Echenique:
Cuentos completos

865 Antología de la poesía latina
Selección y traducción de Luis Alberto de Cuenca y Antonio Alvar

866 Juan Carlos Onetti:
Juntacadáveres

867 Jean-Paul Sartre:
Las manos sucias

868 Antología de cuentos de terror
II. De Dickens a M. R. James

869 Américo Castro:
Teresa la santa con otros ensayos

870 C. B. Macpherson:
La democracia liberal y su época

871 Eugène Ionesco:
Rinoceronte

872 Juan Rulfo:
El gallo de oro

873 Francisco de Quevedo:
Antología poética
Prólogo y selección de Jorge Luis Borges

874 Emile Zola:
Los Rougon-Macquart
El vientre de París

875 Rafael Alberti:
Sobre los ángeles (1927-1928)

876 Ciro Alegría:
Los perros hambrientos

877 Guy de Maupassant:
La casa Tellier y otros cuentos eróticos

878 Rafael Arrillaga Torrens:
Introducción a los problemas de la Historia

879 José María Guelbenzu:
El pasajero de ultramar

880 Jean-Paul Sartre:
Los secuestrados de Altona

881, 882 Alexis de Tocqueville:
El Antiguo Régimen y la revolución

883 Fedor Dostoiewski:
Noches blancas. El pequeño héroe. Un episodio vergonzoso

884 Albert Camus:
El malentendido

885 Leopoldo Lugones:
Antología poética

886 Isaac Asimov:
Historia Universal Asimov
Constantinopla

887 Ricardo Güiraldes:
Don Segundo Sombra

888 Juan Valera:
Juanita la Larga

889 José Ferrater Mora:
Cuatro visiones de la historia universal

890 Patricia Highsmith:
Ese dulce mal

891 H. P. Lovecraft:
Dagón y otros cuentos macabros

892 Jean Paul Sartre:
Nekrasov

893 Jean Itard:
Victor L'Aveyron

894 Isaac Asimov:
Historia Universal Asimov
La Alta Edad Media

895 Otto R. Frisch:
De la fisión del átomo a la bomba de hidrógeno

896 Emile Zola:
Los Rougon Macquart
La conquista de Plassans

897 Albert Camus:
Los justos

898 Doce relatos de mujeres
Prólogo y compilación de Ymelda Navajo

899 Mario Benedetti:
Cuentos

900 Fernando Savater:
Panfleto contra el Todo

901 Ciro Alegría:
La serpiente de oro

902 W. H. Thorpe:
Breve historia de la etología

903 Horacio Quiroga:
El salvaje

904 Stanley G. Payne:
El fascismo

905 Jean:Paul Sartre:
Las palabras

906 G. A. Bürger:
Las aventuras del Barón de Münchhausen

907 Isaac Asimov:
Historia Universal Asimov
La formación de Inglaterra

908 Emilio Salgari:
La montaña de luz

909 Gerald Durrell:
Atrápame ese mono

910 Albert Camus:
La caída

911 Leibniz:
Discurso de metafísica

912 San Juan de la Cruz:
Poesía y prosas

913 Manuel Azaña:
Antología
1. Ensayos

914 Antología de cuentos de terror
III. De Machen a Lovecraft
Selección de Rafael Llopis

915 Albert Camus:
Los posesos

916 Alexander Lowen:
La depresión y el cuerpo

917 Charles Baudelaire:
Las flores del mal

918 August Strindberg:
El viaje de Pedro el Afortunado

919 Isaac Asimov:
Historia Universal Asimov
La formación de Francia

920 Angel González:
Antología poética

921 Juan Marichal:
La vocación de Manuel Azaña

922 Jack London:
Siete cuentos de la patrulla pesquera y otros relatos

923 J. M. Lévy-Leblond:
La física en preguntas

924 Patricia Highsmith:
La celda de cristal

925 Albert Camus:
El hombre rebelde

926 Eugène Ionesco:
La cantante calva

927 Luis de Góngora:
Soledades

928 Jean-Paul Sartre:
Los caminos de la libertad, 1

929 Max Horkheimer:
Historia, metafísica y escepticismo

930 M. Costa y C. Serrat:
Terapia de parejas

931, 932 Elías Canetti:
Masa y poder

933 Jorge Luis Borges (con la colaboración de Margarita Guerrero):
El «Martín Fierro»

934 Edward Conze:
Breve historia del budismo

935 Jean Genet:
Las criadas

936 Juan Ramón Jiménez:
Antología poética, 1
(1900-1917)

937 Martin Gardner:
Circo matemático

938 Washington Irving:
Cuentos de La Alhambra

939 Jean-Paul Sartre:
Muertos sin sepultura

940 Rabindranaz Tagore:
El cartero del rey. El asceta.
El rey y la reina.

941 Stillman Drake:
Galileo

942 Norman Cohn:
El mito de la conspiración judía mundial

943 Albert Camus:
El exilio y el reino

944, 945 José Ferrater Mora:
Diccionario de Filosofía de Bolsillo
Compilado por Priscilla Cohn

946 Isaac Asimov:
Historia Universal Asimov
La formación de América del Norte

947 Antonio Ferres:
Cuentos

948, 949 Robert Graves:
La Diosa Blanca

950 Los mejores cuentos policiales, 2
Selección, traducción y prólogo de Adolfo Bioy Casares y Jorge Luis Borges

951, 952 Benito Pérez Galdós:
Fortunata y Jacinta

953 Nicolás Copérnico, Thomas Digges, Galileo Galilei:
Opúsculos sobre el movimiento de la tierra

954 Manuel Azaña:
Antología
2. Discursos

955 Carlos García Gual:
Historia del rey Arturo y de los nobles y errantes caballeros de la Tabla Redonda

956 Isaac Asimov:
Grandes ideas de la ciencia

957 José María Arguedas:
Relatos completos

958 Fernando Sánchez Dragó:
La España mágica
Epítome de Gárgoris y Habidis

959 Jean-Paul Sartre:
Los caminos de la libertad, 2

960 Elías Canetti:
El otro proceso de Kafka

961 Francisco de Quevedo:
Los sueños

962 Jesús Mosterín:
Historia de la filosofía, 1

963 H. P. Lovecraft:
El clérigo malvado y otros relatos

964 Carlos Delgado:
365+1 cócteles

965 D. H. Lawrence:
Hijos y amantes

966 Rabindranaz Tagore:
El rey del salón oscuro

967 Consuelo Berges:
Stendhal y su mundo

968 Isaac Asimov:
Historia Universal Asimov
El nacimiento de los Estados Unidos
1763-1816

969 Gerald Durrell:
Murciélagos dorados y palomas
rosas

970 Adrian Berry:
La máquina superinteligente

971 Ciro Alegría:
El mundo es ancho y ajeno

972 José Ferrater Mora:
Las crisis humanas

973 Ramón de Campoamor:
Poesías

974 Eugène Ionesco:
El peatón del aire

975 Henry Miller:
Tiempo de los asesinos

976 Rabindranaz Tagore:
Malini - Sacrificio - Chitra

977 Benito Pérez Galdós:
Doña Perfecta

978 Isaac Asimov:
¡Cambio! 71 visiones del futuro

979 Elias Canetti:
La lengua absuelta

980 Isaac Newton:
El Sistema del Mundo

981 Poema del Mio Cid

982 Francisco Ayala:
La cabeza del cordero

983, 984 Werner F. Bonin:
Diccionario de parapsicología (A-Z)

985 Benito Pérez Galdós:
Marianela

986 Jean-Paul Sartre:
Los caminos de la libertad, 3

987 Jesús Mosterín:
Historia de la filosofía, 2

988 Rabindranaz Tagore:
Ciclo de primavera

989 Gerald Durrell:
Tierra de murmullos

990 Arturo Uslar Pietri:
Las lanzas coloradas

991 Ciro Alegría:
Relatos

992 Isaac Asimov:
Historia Universal Asimov
Los Estados Unidos desde 1816
hasta la Guerra Civil

993 Luis Racionero:
Textos de estética taoísta

994 Jean Genet:
El balcón

995 Galileo y Kepler:
El mensaje y el mensajero sideral

996 Chrétien de Troyes:
El Caballero de la Carreta

997 Jean-Paul Sartre:
Kean

998 Eduard Mörike:
Mozart, camino de Praga

999 Isaac Asimov:
Historia Universal Asimov
Los Estados Unidos desde la Guerra
Civil a la Primera Guerra Mundial

1000 Miguel de Cervantes:
El ingenioso hidalgo Don Quijote
de la Mancha (1605)

1001 Miguel de Cervantes:
El ingenioso caballero Don Quijote
de la Mancha (1615)

1002 H. P. Lovecraft:
El horror en la literatura

1003 Rabindranaz Tagore:
La luna nueva - El jardinero -
Ofrenda lírica

1004 Jesús Mosterín:
Historia de la filosofía, 3

1005 Albert Einstein:
Notas autobiográficas

1006-1007 F. M. Dostoyevski:
Los demonios

1008 Tomás Moro.
Utopía

1009 María Luisa Merino de Korican:
Alta gastronomía para diabéticos
y regímenes de adelgazamiento
30 menús completos

1010 Snorri Sturluson:
La alucinación de Gylfi
Prólogo y traducción de Jorge Luis
Borges y María Kodama

1011 Charles Darwin:
La expresión de las emociones
en los animales y en el hombre

1012 Thomas Paine:
Derechos del hombre

1013 Benito Pérez Galdós:
Nazarín

1014 Patricia Highsmith:
Las dos caras de enero

1015 Quentin Skinner:
Maquiavelo

1016 Historia ilustrada de las formas
artísticas
1. Oriente Medio

1017 Jean-Paul Sartre:
El muro

1018 Tristán e Iseo
Reconstrucción en lengua castellana
e introducción de Alicia Yllera

1019 Marvin Harris:
La cultura norteamericana
contemporánea
Una visión antropológica

1020 Isaac Asimov:
Alpha Centauri, la estrella más
próxima

1021 Gerald Durrell:
El arca inmóvil

1022 Joseph Conrad:
Bajo la mirada de Occidente

1023 Martin Gardner:
Festival mágico-matemático

1024 Geoffrey Parker:
Felipe II

1025 Mario Benedetti:
Antología poética

1026 Carlos Castilla del Pino:
Estudios de psico(pato)logía sexual

1027 Elias Canetti:
La antorcha al oído

1028 Historia ilustrada de las formas artísticas
2. Egipto

1029 Thomas de Quincey:
Confesiones de un inglés comedor de opio

1030 Fernando Parra:
Diccionario de ecología, ecologismo y medio ambiente

1031 Luis Angel Rojo y Víctor Pérez Díaz:
Marx, economía y moral

1032 Luis Rosales:
Antología poética

1033 Benito Pérez Galdós:
Gloria

1034 René Descartes:
Reglas para la dirección del espíritu

1035 Jesús Mosterín:
Historia de la filosofía
4. Aristóteles

1036 Juan Ramón Jiménez:
Antología poética
2. 1917-1935

1037 Albert Camus:
Moral y política

1038 Rabindranaz Tagore:
La cosecha. Regalo de amante. Tránsito. La fujitiva

1039 C. B. Macpherson:
Burke

1040 Rafael Alberti:
La amante
Canciones (1925)

1041 Paulino Garagorri:
Introducción a Américo Castro

1042 Arthur Machen:
Los tres impostores

1043 Jean-Paul Sartre:
Baudelaire

1044 Isaac Asimov:
De Saturno a Plutón

1045 Historia ilustrada de las formas artísticas
3. Grecia

1046 Julián Marías:
Breve tratado de la ilusión